全域流量

超级变现，引爆流量营销

关天皓◎著

当代中国出版社
Contemporary China Publishing House

图书在版编目（CIP）数据

全域流量：超级变现，引爆流量营销 / 关天皓著. -- 北京：当代中国出版社，2025. 3. -- ISBN 978-7-5154-1527-7

Ⅰ. F713.365.2

中国国家版本馆 CIP 数据核字第 20252L3A86 号

出 版 人	蔡继辉
责任编辑	陈　莎
策划支持	华夏智库·张　杰
责任校对	贾云华　康　莹
出版统筹	周海霞
封面设计	回归线视觉传达
出版发行	当代中国出版社
地　　址	北京市地安门西大街旌勇里 8 号
网　　址	http://www.ddzg.net
邮政编码	100009
编 辑 部	（010）66572180
市 场 部	（010）66572281　66572157
印　　刷	香河县宏润印刷有限公司
开　　本	710 毫米 ×1000 毫米　1/16
印　　张	14 印张　162 千字
版　　次	2025 年 3 月第 1 版
印　　次	2025 年 3 月第 1 次印刷
定　　价	78.00 元

版权所有，翻版必究；如有印装质量问题，请拨打（010）66572159 联系出版部调换。

前言

在数字经济的浪潮中,商业版图正在发生翻天覆地的变化。曾经,企业与消费者之间的连接是单一的、线性的;如今,随着移动互联网、大数据、人工智能等新兴技术的广泛应用,营销的边界无限拓展,形成了一个立体、多元、全链条的"全域流量"生态。这种模式打破了传统流量获取的局限性,为企业提供了更加灵活、高效的流量获取和变现方式。

全域流量,指的是通过整合线上和线下、公域和私域等所有渠道的流量资源而形成的一个全面、完整、协同的流量体系。通过这种全域流量的布局,企业能够更精准地把握不同渠道和场景中消费者的特点和需求。例如,在电商平台上,根据消费者的搜索和浏览历史推送相关产品;在社交媒体上,以生动有趣的短视频或图文内容吸引消费者的注意;在线下场景中,通过专业顾问的个性化服务促成交易。

引爆流量营销,需要企业在更广泛的范围内与消费者建立联系,即企业须具备跨渠道的整合能力、数据分析能力,以及灵活的营销策略调整能力,以适应不同渠道和场景的特点,从而在激烈的市场竞争中脱颖而出,赢得消费者的青睐。在这个过程中,流量不再是冰冷的数字,而是有着温度、情感和价值的"超级用户"。

《全域流量：超级变现，引爆流量营销》一书，从多维度解析全域流量的底层逻辑，其核心在于构建一个不断扩张和精耕细作的流量池。通过多维引流、全域整合、优化留量、精准转化、多元变现、高阶运营等多个环节，最终实现流量的超级变现。

为了帮助读者更好地理解和应用全域流量的理论和方法，本书并非只是空洞地阐述全域流量的理论，而是注重实践与理论的结合。通过实际案例的深入分析，让读者直观地看到全域流量在不同情境中的具体应用和效果。

无论你是初出茅庐的创业者，还是久经沙场的商业精英，本书都是你在流量时代的导航图。通过阅读本书，你不但能深入了解全域流量的概念和核心思想，掌握全域流量运营的理论体系和实践方法，还能构建属于自己的全域流量矩阵，找到流量变现的最佳路径，从而实现超级变现。

目 录

第一章 "流量"为王：互联网时代的财富密码

不可不知的"流量"经济学 / 2

流量的本质——注意力 / 5

粉丝量不等于流量 / 8

手握流量却没钱赚，为什么 / 10

用钱砸来的流量靠谱吗 / 13

如何防范流量陷阱 / 16

流量运营：实现效率、边界与成本的平衡 / 19

第二章 全域流量：重塑商业版图的底层逻辑

全域流量：打破传统的商业边界 / 24

全域流量≠私域流量+公域流量 / 26

全域流量的数字化特征 / 30

全域流量的三大核心要素 / 32

全域流量的优势与挑战 / 34

全域流量引领下的商业模式迭代 / 37

第三章　多维引流：换赛道，不如换获客模式

传统引流方式：拉新、留存、回流 / 42

全域获客：最大化挖掘潜在客户 / 44

多维布局：打造新的流量引爆点 / 47

内容为王：吸睛营销的四大策略 / 50

SEO+SEM：双剑合璧，提升可见度 / 53

社群运营：深度互动，增强客户黏性 / 56

智能工具：数字营销时代的引流利器 / 60

第四章　全域整合：构建全链路的流量生态

从公域到私域：玩转流量转化游戏 / 66

线上线下融合：构建无死角流量网络 / 69

业务协同：实现流量互通与增值 / 72

平台联动：流量共享，孤岛变蓝海 / 75

合作与联盟：全景式流量捕获 / 78

数据整合：助力全链路流量高效整合 / 81

第五章　优化"留量"：挖掘用户价值，不断精耕流量池

通过"留量"变化，及时洞察客情 / 86

搭建完整的私域链路 / 89

利用会员制度锁定准客户 / 92

重启与沉默客户的"对话" / 94

精耕细作，增加老用户黏性 / 97

召回流失用户的八大招式 / 100

如何激活三大"休眠"用户群 / 103

第六章 精准转化：将潜在用户"升级"为高价值客户

"存量"决定"销量" / 106

情感共鸣：深度连接用户的心灵 / 108

VIP 通道：提供专属优惠、特权 / 111

卓越体验：让用户黏上你的品牌 / 113

用户画像：进行个性化精准推荐 / 116

直击痛点：简单两个办法提升转化率 / 119

客户见证：用真实案例引导转化 / 122

第七章 多元变现：流量变金矿的七大盈利模式

流量不变现，价值等于零 / 128

直播变现：把"家人"变为"财神" / 130

知识付费：专业就是真金白银 / 132

广告合作：你赚我赚大家赚 / 135

增值服务：拓宽盈利的边界 / 139

流量分成：共享互联网红利 / 142

电商引流：从点击直达购买 / 146

第八章 高阶运营：突破利润及复购率增长的瓶颈

打造可持续盈利的客户关系 / 150

速度模式：做好"时间差"的生意 / 152

IP 跨界：打造多元化的品牌联结 / 155

口碑营销：全域增长的关键密码 / 158

校正思维：别用老脑筋做新生意 / 161

策略升级：别卖产品，卖方案 / 164

第九章　超级迭代：流量思维驱动用户爆炸式增长

闭环思维：构建无缝的业务循环链 / 168

裂变营销：让影响力呈指数级增长 / 170

品牌塑造：字号可以老，但不能老化 / 174

玩转 IP：反复挖掘流量价值 / 178

全域统筹：实现全域的流量营销布局 / 181

生态构建：打造完善的流量生态系统 / 183

场景营销：打造极致的消费新场景 / 186

持续迭代：探索流量获取和运营新模式 / 189

第十章　落地场景：引爆流量营销的经典案例

小米汽车：新品发布引爆科技圈流量狂潮 / 194

胖东来：借助社交媒体成为零售界新宠 / 196

拼多多：电商营销中的顶级流量玩家 / 200

抖音：持续内容创新，领跑全网流量 / 203

小红书：通过 UGC 内容实现流量变现 / 206

"与辉同行"：面对"花式内卷"，凭什么成为顶流 / 208

淄博烧烤："小饼烤炉加蘸料"的全域流量盛宴 / 211

第一章
"流量"为王：互联网时代的财富密码

"流量"对于互联网时代来说就像工业时代的石油，滋养着无数的商业帝国，也成就了无数的个人传奇。从社交媒体到电商平台，从短视频到直播平台，流量的争夺无处不在，谁掌握了流量，谁就掌握了获得财富的钥匙。

不可不知的"流量"经济学

在传统经济的广袤版图中，土地是坚实的根基，提供了生产的物理空间；劳动力是活跃的力量，推动着生产的进程；资本则如同流淌的血液，为经济活动注入动力和活力。它们相互协作，共同构建起经济发展的大厦。

然而，当时代的车轮滚滚向前，驶入数字时代，一场深刻的变革已悄然发生。流量，这一新兴的概念，以惊人的速度崛起，迅速成为新的关键生产要素。从社交媒体上的网红到电商平台上的爆款产品，从新闻媒体的热搜榜单到视频网站的播放量，无不充斥着流量的影子。

1. 流量的特征：平台化、碎片化、个性化

流量作为数字时代信息传播的核心要素，正日益展现其复杂而多变的面貌。平台化、碎片化、个性化，这三大特征不仅勾勒出流量运行的基本框架，也深刻影响着内容传播、用户行为及商业模式。

（1）平台化。流量经济的兴起，推动了平台化的发展趋势。平台通过整合资源，提供便捷的服务，吸引用户聚集，并从中获取数据和商业价值。例如，电商平台通过整合商品和物流资源，为用户提供便捷的购物体验；社交平台通过整合用户关系和信息流，为用户提供社交娱乐和信息获取服务。

（2）碎片化。流量经济时代，用户的注意力被分散在各个平台、各个应用、各种内容之中。用户获取信息和服务的方式也变得更加碎片化，开始追求快速、便捷、个性化的体验。传统长篇大论的文章，正在被短视频、直播、图文等碎片化内容所取代。

（3）个性化。流量经济的核心是"用户"，因此个性化是其重要特征。企业通过数据分析，洞察用户需求，提供个性化的服务和内容，以满足用户不断变化的喜好和需求。例如，电商平台根据用户浏览记录和购买历史，为其推荐个性化商品；音乐平台根据用户的听歌习惯，为其推荐喜欢的歌曲。

2. 流量的本质与价值：从稀缺资源到核心资产

流量，并非只是简单的数据流动或用户的访问量，它其实是信息传播与需求连接的桥梁，代表着关注、影响力和潜在的商业价值。

为了争夺有限的流量，企业往往需要投入巨大的成本，通过传统的广告渠道、线下推广等方式来吸引消费者的注意。随着移动互联网的普及，流量从最初的稀缺资源逐渐演变成用户或企业的核心资产——可以直接转化为收入，也可以间接提升品牌价值，增加用户黏性，最终实现商业目标。整体来说，其价值主要体现在以下三个方面：

（1）商业价值。流量是商业变现的基础，无论是电商平台的商品销售，还是广告主的推广投放，流量都是直接决定收益的关键因素。

（2）品牌价值。流量可以为品牌带来曝光度，提升品牌的知名度和影响力，从而塑造品牌价值。

（3）社会价值。流量可以传播知识，传递信息，连接人与人，以及发挥社会效益，如公益活动的推广和对社会事件的关注。

3. 流量的获取与运营：从流量红利到精细化运营

过去，流量获取相对容易，许多企业和个人依靠平台红利，通过简单的运营策略就能获得大量的流量。例如，一些早期的电商卖家，仅仅通过上传商品图片和简单描述，就能吸引大量的买家访问和购买；一些博主仅仅凭借分享日常生活中的点滴，就能迅速积累大量的粉丝。

如今，流量红利期趋于结束，用户的注意力变得更加分散，平台的规则也日益严格，流量的获取难度呈指数级上升。在这样的形势下，粗放式的流量获取方式已不再适用，流量的管理与运营必须精细化。这种"精细化"主要体现在以下三个方面：

（1）内容为王，用优质内容吸引流量。优质内容是吸引流量的根本，因为用户只有在看到有价值的信息时，才会愿意停留并进行互动。所以，内容创作需要注重原创性、信息准确性以及用户体验。例如，知识付费平台必须靠高质量的课程内容来吸引大量付费用户，从而实现流量变现。

（2）数据驱动，获取精准流量。数据分析是流量运营的关键，通过分析用户画像、用户行为等数据，可以精准获取流量。例如，某电商平台通过用户购买记录和浏览历史，向用户推荐可能感兴趣的商品，提高了转化率和销售额。

（3）社群运营，构建流量生态。构建社群，建立用户黏性，是流量运营的重要策略。通过与用户互动，提供优质的服务，可以打造忠实的用户群体，形成流量闭环。例如，某游戏公司通过游戏直播、线下活动、线上社群等方式，建立了庞大的用户群体，并持续吸引着新用户加入。

无论是初创公司还是行业巨头，都需要深刻理解流量的价值，并掌握流量运营与管理的精髓，才能在激烈的市场竞争中脱颖而出。展望未来，流量无疑是企业增长的强大加速器，并将持续改写商业规则，创造更多的财富与奇迹。

流量的本质——注意力

在互联网和数字营销领域，"流量"通常指的是用户在网络上因浏览、点击、互动等行为而产生的数据流。但在更深层次上，这些行为背后反映的是用户的时间和注意力分配。也就是说，流量的本质，其实就是"注意力"！你看到五花八门的广告、眼花缭乱的直播、铺天盖地的短视频，其实都是为了争夺你宝贵的"注意力"而进行的殊死搏斗。

注意力指人们将意识集中在特定事物上的心理过程。它决定了我们从复杂的信息流中选择哪些内容进行接收、处理和理解。回顾一下人类进化史，我们的祖先在丛林中生存，时刻面临危险。为了生存，他们进化出高度发达的注意力机制，能够迅速识别周围环境中的危险信号，并快速做出反应。

如今，在互联网这个"信息丛林"中，同样的机制仍然在我们的脑海中运行着。比如，当我们刷手机时，大脑会自动扫描各种信息，迅速过滤掉无用的内容，并将注意力集中在最有吸引力的内容上。因此，想要抓住流量，首先得抓住人们的注意力。

如何更快更多地获取有限的注意力资源呢？关键在于用好吸引眼球的

"五件套"。

1. 使用夸张的标题

一个吸引人的标题,就像古代战场上的战鼓,可以迅速吸引人们的注意力。比如,"震惊!×××竟做出这种事!""××秘密大揭秘!"等。虽然这种标题略显夸张,但不可否认,这样做确实能吸引读者的眼球,并能激发读者进一步探索的兴趣。需要注意的是,尽管使用夸张的标题可以增加点击率和流量,但必须确保内容与标题相匹配,避免误导读者或令其失望,这样才能维持良好的读者关系和信誉。

2. 附上精美的图片

一张精美的图片,胜过千言万语,它能够迅速吸引人们的视觉注意力,并激发人们的好奇心。比如,一张可爱的宠物图片,或者是风景绝美的照片,都能让人忍不住停下来多看几眼。尤其是一些高质量的图片,还能够增加分享的可能性,进而吸引更多人访问。因此,在策划内容时,选择与主题密切相关且具有视觉冲击力的图片,不仅能提升用户的浏览体验,还能有效增加网站或平台的流量。

3. 增加趣味视频

一个有趣、搞笑或是充满正能量的短视频,能够迅速抓住人们的注意力,并引起人们的共鸣。在当今快节奏的社会中,人们越来越倾向于消费短小精悍的内容,特别是那些能够在短时间内提供娱乐价值或启发思考的视频。

例如,一个在抖音上爆红,能够在短时间内吸引数百万次观看和分享的视频,通常具备这样的特点:创意独特、情感真挚、易于理解,并且能在观众心中留下深刻印象。因此,无论是为了增加品牌曝光度还是为了推广特定内容，制作并分享有趣的视频都是一个非常有效的策略。它能够帮助你迅速扩大影响力，并得到大量观众的关注。

4.制造一些"新鲜感"

人们天生就对新事物充满好奇，因此不断更新内容、保持新鲜感是留住用户的关键。这意味着需要定期发布新颖、有价值的信息，无论是最新的行业动态、前沿科技进展，还是独特的个人见解和体验分享。通过持续提供新鲜内容，可以激发用户的兴趣，并让他们有理由经常回访。

此外，还可以尝试不同的内容形式，如结合最新的趋势话题、引入互动元素（如问答、投票等），以及邀请行业专家进行访谈或撰写专栏等，都是保持内容新鲜感的有效手段。这样做不仅可以增加用户黏性，还能通过口碑传播吸引更多新用户。

5.保留一点"悬念"

要学会留白，制造悬念，因为只有这样做才能吊起用户的胃口，让他们迫不及待地想看下去。为此，可以通过在文章或视频的开头提出一个引人入胜的问题，或者预告即将揭晓的重要信息，但不直接透露全部细节，以此激发读者的好奇心。

比如，在一篇文章中，可以开门见山地给出一个令人惊讶的事实，然后逐步揭示其背后的故事；或者在视频中预告一个即将揭晓的秘密，但先不给出答案，而是引导观众跟随你的线索一起探索。这种方式不仅能够让用户保持较高的关注度，还能够促进内容的分享和讨论，因为人们往往会与朋友分享他们感兴趣的话题，并一起猜测结局。

综上所述，通过综合运用这些策略，可以有效地吸引用户的注意力，在不得不参加的"眼球争夺战"中占得先机，从而获得源源不断的流量。

粉丝量不等于流量

在很多人眼中，拥有庞大的粉丝群体似乎已经成为衡量一个人或企业商业价值的重要指标。其实，粉丝量与流量之间并非等价关系，将两者混为一谈，不仅容易误导判断，更可能导致资源的错配和战略的失误。

粉丝量，指的是在社交平台上关注或订阅某个账号、品牌或个人的用户数量。它代表着潜在的受众规模，但并不代表实际的互动和消费行为。粉丝量仅仅是一个数字表象，并不代表真正的用户黏性或长期价值，它更像是一个美丽的泡沫，看起来很壮观，却会在很多时候一触即碎。

流量指的是访问网站、观看视频或参与活动的真实用户数量。它体现了用户对内容的实际兴趣和参与度，是衡量用户转化和商业价值的关键指标。相较于粉丝量，流量更像是潺潺的溪流，虽然可能不如泡沫那般显眼，却是实实在在、持续不断的。

罗振宇曾是一位财经评论员，在网络上积累了相当大的人气后，他意识到仅仅依靠粉丝数量并不能实现真正的商业价值。于是，他开始探索如何将粉丝转化为忠实的消费者，并创立了"得到"这一知识服务平台。"得到"平台的核心理念是，为用户提供高质量的知识产品和服务。罗振宇和他的团队精心挑选各个领域的专家，邀请他们录制音频课程、撰写电子书等，为用户提供了系统的学习资源。这些内容涵盖经济、管理、科技等多个领域，满足了不同用户的学习需求。

罗振宇通过打造"得到"这一知名品牌，不仅吸引了大量的忠实用户，还实现了由粉丝量到实际流量的转化，并创造了可观的商业价值。

粉丝量只是表面的数字，而流量才是真正的价值。与其为了获得更大的粉丝量，还不如专注于提升流量。那么对于没有庞大粉丝量的用户或企业来说，该如何获得流量的眷顾呢？或者进一步说，该如何将粉丝量转化为流量呢？

首先，你得了解你的受众。就像你不会给一个婴儿玩危险的玩具一样，你也不能把高深的学术论文发给一个小学生看。你要知道你的目标用户是谁，他们的兴趣爱好是什么，他们喜欢什么样的内容，依此做工作，才能让他们愿意为你买单。

其次，要善于利用平台的规则。每个平台都有自己的算法，你要学会利用这些算法，来让你的内容更容易被平台推荐。就像你在商场里逛，总会被一些特价商品吸引一样，平台也会把一些符合算法规则的内容推荐给用户。

再次，要突出自己的特色。就像你不会和别人穿相同的衣服一样，你也不能让自己的内容与其他人的内容一模一样。你要有自己的风格，自己的观点，显现自己的独特性，才能避免同质化竞争，并形成自己的品牌特色。

最后，要有变现策略。应该尝试不同的变现方式，如广告合作、带货销售、知识付费、会员体系等，只有找到适合你的变现方式，才能将粉丝流量转化为真金白银。有不少知乎大V，他们拥有百万粉丝，却无法将这些粉丝转化为流量，更没有变现策略，只是把知乎当作一个信息分享平台。其实，他们完全可以通过写作、直播、咨询等方式，将粉丝转化为付费用户，来实现流量变现。

总之，粉丝量并不等于流量。虽然拥有大量的粉丝看起来很有吸引力，但是如何将这些粉丝转化为活跃的用户或付费客户才是关键。所以，在专注于粉丝量增长的同时，更要注重如何将这些粉丝转化为有价值的流量，从而实现商业目标和价值创造。

手握流量却没钱赚，为什么

在流量运营过程中，不少人会遇到这样的困境：自己明明有海量的粉丝，甚至在网络世界里叱咤风云，却始终难以将流量变现。为什么？这可不是因为账号有"毒"，而是因为他们可能患上了"流量痴迷症"！

患有这种症状的人，为了流量，可以说穷尽了他们的一切。他们可能每天都会泡在各大平台上，精心制作内容，用尽心思去吸引粉丝——跟粉丝聊天，跟粉丝互动，甚至跟粉丝一起"吃瓜"，他们把自己当成粉丝的知心朋友。虽然他们辛辛苦苦经营的账号积攒了可观的粉丝数，直播间也是人气爆棚，但是一带货必翻车。比如，有些网红在收取了高额的坑位费后，一场直播下来，只卖出几件商品，且退货率极高。这让商家叫苦不迭，可谓入了大坑。

有流量却赚不到钱，究其原因，无非有三个：

1. 刷"僵尸粉"和"机器人粉"

不要天真地认为百万粉丝都是"真爱粉",其实很多都是"僵尸粉"和"机器人粉"。就像朋友圈里那些只点赞不评论,甚至偶尔还会发些莫名其妙广告的人,你以为他们是朋友,其实他们都是"僵尸粉"。这些"刷"来的粉丝,就像一堆无意义的数字,根本谈不上变现。

比如,有位网红博主靠"刷粉"让粉丝数量涨到了100多万,直播带货时,观看的人寥寥无几,成交量近乎为零。最后被平台封禁。

通过"刷"的方式来获取粉丝量,确实是一些网红博主或内容创作者采取的策略。他们一边花很多时间去学习各种涨粉技巧,甚至研究平台的算法,一边刷流量,偷偷买一些"僵尸粉",以为这样就能获得财富自由。果不其然,刷来的粉丝大多是"僵尸粉"或低质量粉丝,他们不具备真实的互动能力,也无法为账号带来真正的价值。这些粉丝不仅无法提升账号的活跃度,反而还可能会降低账号的整体质量。而且,虚假的粉丝数量非但无法转化为真实的消费者,甚至还会让潜在客户对品牌产生不信任感。

2. 粉丝没有真正沉淀

当你拥有了可观的粉丝数,不要急着去变现,先要静下来想一想:他们中有多少是真正沉淀下来的忠实拥趸?如果多数人只是被你的某个内容或短视频所吸引,赶来凑个热闹,那请立刻停止你的发财梦。

有一位美食博主,他时常会发一些制作家常菜的短视频,以分享自己做菜方面的技艺与心得。一年下来,虽然积攒了2万多粉丝,但每个视频却只有几十或上百的点赞量。一次,他发布了一条制作"网红菜"的视频,播放量突破了百万,获得了10多万的点赞,粉丝量也增加了1万多。他从中嗅到了商机,决定立即将视频中的"网红菜"商业化。于是他与一家食品厂进行了合作。但在菜品推出后，1个月只卖出了10单，其中退货5单，还有3单收到了差评。

这位美食博主虽然通过"网红菜"视频获得了短暂的关注和粉丝增长，但他在将内容商业化时，未能充分考虑这样一个问题：多数粉丝只是匆匆过客，并没有真正被沉淀下来，成为自己的忠实拥趸。

3. 不断地输出"无脑内容"

在内容创作的道路上，很多人都容易陷入一个误区：以为粉丝喜欢自己的内容，所以不断地输出一些"无脑内容"，即那些缺乏深度、创新和有价值的内容。然而，这种做法只会掉粉。

比如，在某个短视频平台，有一位主播依靠"幽默段子"吸引了百万粉丝。渐渐地，粉丝对他的风格产生了审美疲劳，他的粉丝量开始下降。为了留住粉丝，吸引更多人的眼球，他开始不断地输出一些低俗、无趣的内容，甚至有时候直接搬用他人的段子。他原本以为，这样可以挽回粉丝的心，结果，粉丝大量流失。

内容创作不能只看重短期的流量和关注度，而要注重长期的粉丝维护和品牌建设。只有给粉丝不断提供有深度、有价值的内容，才能真正赢得粉丝的信任和忠诚。

综上所述，那些拥有百万粉丝的博主或主播之所以会陷入"手握流量却没钱赚"的尴尬境地，归根结底是因为粉丝质量和忠诚度的缺失。如此，即使短期内爆红，流量也会迅速下降，并最终走向沉寂。

用钱砸来的流量靠谱吗

在网络营销中，用钱买流量是一种很常见的策略，其核心思想是通过投放广告或使用其他手段来吸引外部流量至网站、应用或其他在线平台。理论上，如果这些流量能够转化为活跃用户或付费客户，那么这种方法是有潜力带来收益的。

不可否认，通过广告投放、与KOL（关键意见领袖）合作、拉内容赞助等方式，企业可以在短时间内就获得大量曝光，并吸引潜在用户的关注。例如，某新兴电商品牌通过巨额的广告预算，在各大社交媒体平台进行密集推广，成功在短时间内积累了数百万用户，实现了初期的快速增长。

因此，有人会产生这样一种逻辑：用钱买流量，再用流量去赚钱，这不就形成一个完美的闭环？其实，在实践中，这种方法存在一定的风险。

砸钱买流量，说白了，就是买曝光率，就像你花10块钱买了1张彩票，能不能中奖全靠运气。而这运气，就藏在流量的"质量"里。通过购买获得的流量，质量可能参差不齐。有些流量可能是通过机器人或不真实的行为产生的，这些流量几乎没有任何转化价值。

毕竟，砸钱买流量不像买菜那样简单！这就好比相亲，你花大价钱请了个网红来给你介绍对象，对方介绍的都是白富美，而你却是工厂打螺丝的，合适吗？流量也是一样，你花钱买来的流量，如果跟你的产品、服务不匹配，就像请了"猪八戒"去卖化妆品，那花的广告费再多也没用，消费者都不会正眼瞧一下。

市面上充斥着各种"低价"流量，动辄几块钱就能买几千个粉丝，看起来很划算，但这些粉丝实际上都是"僵尸粉"、水军，就像你买了份"豪华套餐"，里面却全是泡沫塑料，白白浪费钱不说，还可能影响你真正的客户群体。

再说了，砸了钱，未必就能把流量留住。想留住流量，关键是要创造优质内容，就像钓鱼，只有放出合适的诱饵，才能吸引鱼儿上钩。如果你的产品又贵又不好用，即使你砸再多的钱，最终也会被消费者抛弃。

当然，有了优质内容，还需要合适的运营手段，才能把流量"捕获"住，并转化成真正的用户。就像你钓到了一条大鱼，还需要用渔网把它收起来，才能算真正得到鱼。另外，短期流量的爆发往往伴随着用户黏性的缺失，一旦资本投入减少，流量可能会迅速流失，从而导致企业陷入"烧钱换流量"的恶性循环。

这么说来，是不是流量与金钱就不能"幸福地在一起"了？当然不是，流量如水，金钱如火，只要能将两者完美结合，就能创造出一派"繁荣昌盛"的景象。

1. 找到适合自己的流量渠道，精耕细作

流量渠道就像不同的市场，你要根据自己的产品和目标用户，选择合适的渠道进行推广。就像卖鱼，你不能把鱼放在菜市场卖，你得把它放到海鲜市场卖，才能卖个好价钱。

例如，某家专注于健身器材销售的企业，经过深入的市场调研和分析,选择了健身爱好者聚集的专业论坛和社交群组作为主要流量渠道。然后通过长期的优质内容输出、积极的用户互动以及精准的营销活动,成功地在这个特定渠道中树立了专业、可靠的品牌形象,并吸引了大量有购买需求的精准用户,从而实现了业务的快速增长。

2. 注重用户体验,把流量转化成"忠实粉丝"

用户是"金主",你不仅要吸引他们,还要留住他们。就像你开了家饭店,从环境的整洁舒适到服务的热情周到,再到菜品的美味可口、价格的合理公道,都要精心打磨。如果客人在你的饭店里吃得开心、舒心,感受到了与众不同的关怀和价值,那么他们就会再次光顾,甚至会主动向身边的亲朋好友推荐。

同样的道理,在流量运营过程中,当用户通过各种渠道访问你的网站、关注你的社交媒体账号或者使用你的产品时,你需要确保他们能够获得流畅、便捷、愉悦的体验。比如,页面加载速度要快,内容要有价值且有趣,互动要及时且有效,产品或服务要能够切实解决他们的问题或满足他们的需求等。

流量不是万能的,金钱也不是万能的,只有找到适合自己的方法,才能让流量与金钱"幸福地在一起"。这里,给你一点忠告:想要用钱砸来流量,不如想想如何用你的产品和服务去打动消费者的心,让他们自愿为你买单。

如何防范流量陷阱

很多时候，流量就像一匹脱缰的野马，你永远不知道它下一秒会奔向何方。昨天还红极一时的"抖音神曲"，可能下一秒就会被更具魔性的旋律取代；曾经风靡网络的"网红产品"，可能下一秒就会被更"红"的产品挤下神坛。这种"流量焦虑症"，不仅折磨着创业者，也困扰着无数企业。

为了抓住这匹"流量野马"，人们会使出浑身解数，从"病毒式营销"到"KOL 种草"，从"红包雨"到"算法优化"，无奇不有。因此，不少企业陷入了"流量陷阱"——盲目追求流量，甚至可能会为了短期内获取大量流量而采用不正当手段，如虚假宣传、过度营销、数据造假等，从而忽略了产品质量和用户体验，最终得不偿失。

比如，有一些新兴的互联网平台，为了迅速吸引用户，大量投放夸张的广告，吸引了大量用户注册。但平台上的内容质量低下，服务不稳定，用户在使用后感到失望，纷纷离开，平台不仅浪费了大量的营销费用，还损害了自身的品牌形象。

那么，面对"流量陷阱"，我们该怎么办？别慌，别急，不妨尝试一下新的策略：流量"五连鞭"。

第一鞭：用流量为产品赋能。

流量不是万能的，但没有流量是万万不能的。就像做瑜伽一样，你需要找到合适的姿势，合适的节奏。同样，做流量运营工作不要一味追求流量增长，而是要思考如何用流量为产品赋能。有一个电商平台，曾经为了抢占市场，疯狂砸钱做广告，流量暴涨，却忽视了物流配送和售后服务，最终导致用户体验下降，口碑下滑，流量也随之流失。而另一家电商平台，专注于产品质量和用户体验，并通过"会员制"和"个性化推荐"的方式来建立用户黏性，最终收获很多忠实用户，实现了流量的良性循环。

第二鞭：找准方向，精准定位。

流量就像一个巨大的市场，只有找到自己的目标用户，才能精准地"狙击"流量。不要试图迎合所有人，而是要找到你的核心用户，并为他们量身打造产品和服务。比如，某短视频博主，曾经为了吸引更多粉丝，试图打造"全年龄段"内容，结果却无法满足任何一类用户的需求。后来，他改变策略，专注于推送"垂直领域"内容，例如美食、旅行等，从而吸引了大量对该领域感兴趣的用户。

第三鞭：修炼内功，打造爆款。

流量只是入口，最终决定成败的还是产品的品质。因此，你需要不断提升产品质量，打造爆款产品，以便吸引用户，留住用户。当然，打造爆款产品需要持续努力的过程。这要求你深入了解市场需求和用户痛点，敏锐捕捉流行趋势和消费热点。基于这些洞察，进行创新的产品设计和功能开发，让产品具有独特的卖点和竞争优势。

例如，一款智能手机，不仅要拥有强大的处理器和高清的显示屏，还要具备出色的拍照功能和便捷的操作系统，同时在外观设计上也要符合时尚潮流和人体工学原理。只有这样，才能使你的产品在众多同类产品中脱颖而出，成为备受消费者追捧的爆款。

当你的产品能够真正解决用户的问题，满足他们的期待，给他们带来惊喜和愉悦的使用体验时，就能够吸引用户的目光，并让他们愿意尝试和购买。而且，优质的产品能够建立起良好的口碑，通过用户的口口相传，可以吸引更多的潜在用户。

第四鞭：持续更新，保持活力。

流量就像一潭水，如果不给它注入活力，那就是一潭死水，将会变得污浊和沉寂。在激烈的市场竞争中，只有让流量这潭水持续流动、不断更新，才能保持竞争力，赢得用户的青睐。以社交软件为例，某一款社交软件曾经凭借其独特的"新鲜感"在市场上迅速崛起，吸引了大量新用户。但是，它没有持续更新，功能逐渐显得老旧和单一。于是，先期积攒的用户纷纷选择离开。最终，这款社交软件因为失去了用户的支持，被市场淘汰。反之，如果它不断推出新的功能，如语音聊天、视频通话、游戏互动等，并根据用户需求进行迭代更新，便会增加用户的黏性。

第五鞭：用心经营，建立信任。

流量只是工具，最终决定成败的是用户体验。在商业舞台上，流量或许能为你带来短暂的关注和热度，但如果没有优质的用户体验作为支撑，一切都将是昙花一现。用户体验涵盖诸多方面，从产品或服务的质量、性能，到售前售后的服务态度、响应速度，再到品牌所传递的价值观和情感连接。只有在每个环节都用心经营，以用户为中心，才能真正赢得用户的信任和忠诚。

比如，一家电商平台，初期通过大规模的营销活动吸引了大量流量。

然而，由于物流配送不及时、商品质量参差不齐、客服回复缓慢且态度不佳等问题，用户在购物过程中遭遇了诸多困扰而不满。尽管流量看似可观，但用户的差评和投诉不断，于是口碑迅速下滑，最终导致用户大量流失。

在实际运营中，流量就像潮水，来得快，去得也快，但只要你修炼好"流量五连鞭"，便可以驾驭好这股力量，有效防范"流量陷阱"，并让它成为持续发展的引擎！

流量运营：实现效率、边界与成本的平衡

流量，谁都想要。它就像沙漠里的绿洲，是互联网的"黄金"，没有流量，产品再好也只是镜中花、水中月，只有掌握流量运营的秘诀，才能让品牌脱颖而出，收获用户和财富。但流量运营可不是一件轻而易举的事，它是一个系统工程，需要运用多种手段与方法，不断探索与实践。好的流量运营，必须实现效率、边界与成本之间的平衡，如此才能在流量游戏中笑到最后。

1. 效率至上：要像猎豹一样迅捷

流量就像过路的车，你不能指望它们都停下来欣赏你的风景，只有快速抓住机会，才能将其转化为有效的用户。

（1）抓住流量入口。这就像守着高速公路收费站一样。抓住各大平台的流量入口至关重要。比如，抖音的热门话题榜，微博的热搜榜，以及各

大搜索引擎的关键词排名等，都是流量集聚地，只有快速抢占，才能获得更高的曝光率。

（2）利用自动化工具。人工操作效率低下，容易出错，而利用自动化工具，能让运营事半功倍。比如，利用数据分析工具，自动识别用户行为和兴趣，制定精准的营销策略；利用广告投放平台，自动筛选目标用户，精准推送广告。有一家线上教育公司，通过对用户数据的分析，发现大部分用户会在晚上8点到10点之间学习，于是便将广告投放时间调整到晚上8点，并将页面加载速度提升至1秒以内，最终实现了转化率的显著提升。

（3）优化用户体验。网站设计简洁明了，页面加载速度快，用户操作流畅，这些都是提升用户体验的重要因素，只有让用户觉得舒服，他们才会愿意在页面停留更长时间，并转化为忠实用户。

2. 边界清晰：不要迷失在流量的海洋

在流量运营过程中，要学会为自己设置清晰明确的边界。只有如此，才能有效地避免资源的浪费，从而将有限的人力、物力和财力精准地投入最有价值的地方。

如果没有设定好目标用户群体的边界，盲目地对所有可能的用户进行推广，不仅会消耗大量的广告费用，而且效果往往不尽如人意。因为很多非目标用户可能对我们的产品或服务根本没有兴趣，这样的推广是一种资源的浪费。相反，当你清晰地知道自己的边界在哪里，就能更加专注于核心目标和关键领域，有针对性地进行优化和改进，从而提升运营的效率和效果。

在设置边界时需把握好以下三点：

（1）明确目标用户。不是所有的用户都适合你的产品，我们需要针对目标用户进行精准营销。比如，一家卖儿童玩具的公司，不应该在老年人社区投放广告，而应该在育儿类网站和App上投放广告。

（2）制定流量预算。制定合理的流量预算，才能避免因过度投入而导致的亏损。

（3）控制流量来源。流量来源太多，容易失去控制，导致运营混乱。选择高质量的流量来源，并对其进行严格的评估和管理，才能确保流量的有效利用。

3. 成本控制，精打细算才能笑到最后

流量运营并非短跑冲刺，而像一场马拉松，需要持久战。控制成本，才能保证运营的持续性，才能在竞争中脱颖而出。

（1）选择合适的流量运营模式。不同的流量运营模式，成本也不同。例如，付费推广成本较高，但效果更快；内容营销成本较低，但效果需要时间积累。我们需要根据自己的预算和目标选择合适的模式。

（2）利用免费流量。免费流量虽然效果慢，但成本低廉，可以长期积累。例如，内容创作、社群运营、用户互动等，都是获取免费流量的重要途径。

（3）优化流量成本。通过优化广告文案、提高转化率、降低用户流失率等方式，可以有效降低流量成本。

流量运营是一门精妙的艺术，它要求我们精心把控效率、边界与成本之间的关系，找到恰到好处的平衡点，如此，才能确保流量运营既高效又经济，同时又能够满足目标用户的需求。

第二章
全域流量：重塑商业版图的底层逻辑

在数字化浪潮的席卷下，传统商业的疆域正在被重塑。品牌与消费者之间的互动不再局限于单一的渠道，而是蔓延至线上线下、各个触点。如何在这个充满竞争与挑战的环境中，有效触达目标用户，并建立长期的用户关系，已成为企业制胜的关键。

全域流量：打破传统的商业边界

传统的商业模式就像一座座孤岛，各自为战。产品、营销、服务，各自独立，缺乏协同，导致用户体验割裂，品牌形象不统一。在这种模式下，每个商家都是一个"信息孤岛"，只拥有独立的用户数据，无法整合所有的信息，从而导致用户画像模糊不清。

比如，某品牌服装店，线上线下运营割裂，线上推广吸引的顾客到店后，却发现服务体验跟不上，最终导致用户流失。

上述品牌服装店的案例只是众多流量运营失败的缩影，反映了当前许多商家在面对流量竞争时所面临的困境。那么，商家究竟要从何处突破这些困境呢？答案是：全域流量！

全域流量，顾名思义，就是打破平台边界，将所有平台上的流量整合到一起，以实现全链路的用户触达和转化。也就是说，它不再局限于单一的平台或渠道，而是将企业能够触及的所有流量来源都纳入一个整体的运营体系中。像淘宝、京东等电商平台，抖音、微博等社交媒体平台上的流量可以称为全域流量，私域流量则包括企业自己的微信公众号、小程序、社群等用户群体。

全域流量强调打破渠道之间的壁垒，实现数据的互联互通，从而对用户进行全生命周期的精细化运营，最大限度地挖掘用户价值，提升用户的转化率和忠诚度。

1.数据互通：构建完整的用户画像

特别是对于电商平台而言，能够有效利用数据来了解消费者的行为和偏好，进而提供更加个性化的服务，是赢得市场竞争的关键。在实际操作中，由于不同的数据来源和平台之间存在壁垒，企业往往难以形成一个全面且准确的用户画像。因此，打破这些壁垒，将所有数据汇聚到一起，构建完整的用户画像，是实现精准营销的关键。

比如，某知名电商平台通过打通平台数据，分析用户购物偏好，对不同平台上的用户进行了分类。然后，使用机器学习模型预测用户的购买意向，并通过聚类分析将具有相似特征的用户分组。最后基于用户画像，开发了一套智能推荐引擎，该系统能够根据用户的浏览习惯、搜索关键词、购物车添加等行为，实时推荐相关产品，从而实现了流量转化率的大幅提升。

2.多平台联动：实现流量的全域覆盖

多平台联动是指企业在营销过程中，同时利用线上和线下的各种渠道，包括但不限于社交媒体、官方网站、移动应用、线下门店、电视广告等，形成的一个相互连接、相互促进的整体营销网络。这种策略强调跨渠道的一致性和连贯性，使用户无论在哪一个触点接触品牌都能获得一致的品牌体验。如此，企业可以最大限度地接触到潜在用户，并让用户在不同平台之间自由流转，从而提高用户黏性和转化率。

某零售品牌在其官方网站上发布最新产品信息时，会同步发至各大社交媒体平台；利用线下门店举办活动，吸引顾客进店体验，并鼓励他们在线上分享自己的购物经历。同时，也可利用微博、微信公众号、抖音等社交媒体平台，发布有趣的内容吸引用户关注。例如，通过短视频展示产品的使用场景，或者发起话题挑战，来鼓励用户参与并分享。通过上述方法，品牌方能建立起一个紧密相连的营销体系，使用户能够在不同平台间自由切换，享受无缝衔接的服务体验。

3. 内容营销升级：实现个性化触达

全域流量时代，内容营销不再是简单的"种草"，而是要结合用户的行为轨迹，进行个性化内容推荐，以实现精准触达。例如，通过用户在电商平台的浏览记录，为其推荐相关产品信息，或通过用户在社交媒体上的互动，为其提供个性化的服务内容等。

比如，某知名品牌通过搭建全域流量管理平台，将广告投放、内容运营、用户互动等环节整合在一起，实现了自动化管理，降低了运营成本，提高了营销效率。

全域流量时代已经到来，想要在流量红海中站稳脚跟，就必须紧跟变化，不断探索新的玩法。只有打破传统边界，连接一切，才能真正实现流量的价值最大化，并打造出属于自己的流量帝国！

全域流量≠私域流量+公域流量

试想一下，你站在一个巨大的游乐场门口，周围人潮汹涌，大家脸上都很兴奋。你迫不及待地想冲进去，畅玩所有刺激的项目，收获满满的快乐。当你真正踏入游乐场时会发现：这哪里是游乐场，分明是一个巨型密室。其中,每一个项目都是精心设计的"陷阱",每一个角落都潜藏着让你上瘾的惊喜,你的钱包正以惊人的速度缩水,而你却乐在其中,沉浸在被操控的快感里。

其实,这个场景非常形象地描绘了全域流量时代下内容营销的一个侧面,即如何巧妙地吸引用户并使其沉浸在品牌构建的"游乐场"中。为什么这么说呢?因为它把用户的全生命周期都纳入了流量矩阵之中,从"种草"到"拔草",从"浏览"到"购买",从"售后服务"到"复购",每一环都紧紧相扣,无缝衔接。

在整个过程中,用户会始终沉浸在愉悦之中,即使他们知道这一切背后有着明确的商业目的,也愿意参与其中。这表明成功的全域流量营销不仅仅是单向的广告投放,而是创造一种生活方式或文化氛围,并让用户成为其中的一部分。

从这个意义上来说,全域流量≠私域流量+公域流量,即全域流量并非简单地将公域与私域流量相加,而是强调一种整合、协同的流量运营策略,旨在通过数据驱动,实现精准营销与个性化服务,从而最大化用户价值。

1. 全域流量的"加法效应":实现流量价值最大化

传统的流量思维往往将流量分为公域流量和私域流量,仿佛这两者之间泾渭分明,可以简单地相加得到全域流量。事实并非如此,全域流量是一个更宏观的概念,它不仅包含公域和私域,还包含各种流量来源、流量转化方式,以及流量运营策略的整合。

如果将流量比作"钱",公域流量就好比"纸币",是"现金";私域流量则相当于"存款",是"储蓄"。仅仅把纸币和存款加起来,就能算出总资产吗？显然不行。我们要考虑如何将"纸币"转化成"存款"，如何让"存款"产生最大的价值，只有这样，才能真正实现资产的增值。

所以，全域流量的"加法效应"，是指通过公域流量与私域流量的有效结合，能产生超出简单相加的价值，即实现1+1远大于2的效果。这种效应主要体现在不同流量池之间的互补性和协同作用上，通过整合资源，最大化地提升营销效果和商业价值。

2. 全域流量的"乘法效应"：打破边界，融合力量

全域流量的"乘法效应"是指通过整合不同渠道和资源即可实现流量价值的倍增。这种效应的核心在于打破公域流量与私域流量之间的边界，并通过两者的深度融合，来创造出超过公域流量或私域流量各自单独运作时所能达到的效果。

（1）公域流量引流私域。就像一家商店门口的促销活动，吸引了大量路人进店，但能否留住他们，就需要依靠店铺的"私域"服务。通过会员体系、积分奖励、个性化推荐等手段，将公域流量转化为私域流量，以实现用户留存和复购。

（2）私域流量反哺公域。拥有了私域流量，就等于掌握了一批忠实的粉丝，可以利用他们进行口碑传播，打造爆款产品，提高品牌知名度，从而获得更多公域流量。

（3）数据互通，精准营销。全域流量的核心是数据互通，通过打通各个渠道的数据壁垒，可以实现对用户全生命周期的追踪和分析，以及进行精准营销和个性化推荐。

3. 全域流量的"减法哲学"：去芜存菁，精益求精

全域流量的"减法哲学"是指在运营过程中，通过对非核心要素的削

减和对关键环节的优化,来提高整体运营效率和效果的一种理念。这不仅仅是为了减少不必要的开支,更重要的是在提升用户体验和服务质量的同时,降低无效流量带来的负面影响。下面是几个关键点:

(1)识别低价值用户。并非所有流量都值得珍惜,通过数据分析识别出低价值用户,如识别出只浏览而不购买的用户、活跃度低的用户,减少对他们的投入,并将资源集中到高价值用户身上。

(2)渠道优化。在全域流量的运营中,企业往往会面临多种渠道的选择。然而,并不是所有的渠道都能带来有效转化。因此,需要定期评估各个渠道的表现,淘汰那些表现不佳或与目标市场不匹配的渠道,并集中资源投入表现优秀且具有高潜力的渠道。

(3)数据精简。企业需要建立一套有效的数据筛选机制,来剔除冗余数据,并使自身专注于那些能够直接反映用户行为和偏好的关键指标。这样不仅可以提高数据分析的效率,还能确保决策依据的准确性。

(4)用户体验优化。通过简化购物流程、提高网站加载速度、优化移动设备适配等方式,可以显著提升用户体验。此外,减少不必要的弹窗广告和表单字段也可以减少用户的困扰,提高转化率。

全域流量运营并不是一场简单的"加减乘除"数字游戏,它要求企业以敏锐的市场洞察力和创新的思维方式,灵活巧妙地运用各种策略和方法,将公域流量和私域流量进行深度且有机的融合,实现两者之间的无缝衔接并产生协同作用,从而充分挖掘和释放流量的潜在价值。

全域流量的数字化特征

过去,市场就像一个个水库,我们只需要将自己的"内容"扔入相应的水库,不需要太多复杂的操作和策略,到时候它们自然会被用户发现和关注,从而带来流量。而在今天看来,这只是一种相对被动和简单的流量获取方式和观念。

如今,要获取流量,必须建立复杂的管道系统,即需要精心设计每条管道,选择合适的材料,搭建不同的分支,如此,才能将流量精准地引进来。也就是说,现在的流量运营需要更加精细、有针对性和策略性的操作。

随着技术的不断发展和市场环境的日益复杂,这种精细化的流量运营已经逐渐向全域流量的方向演进。而全域流量的一些数字化特征,有助于打破不同平台、不同渠道之间的数据壁垒,并实现数据的无缝流通和共享。这使企业不再局限于局部和片面的数据观察,而必须站在一个更为宏观、全面的视角来审视整个流量体系。以此可以精准地把握流量产生、流动、转化等各个环节的动态变化趋势,并敏锐洞察出其中的细微差异和潜在规律。

具体来说,全域流量的数字化特征,主要体现在以下三个方面:

1. 数据化:流量的"基因"

数字化的第一层含义在于数据的量化。以前我们只能靠经验和直觉去判断流量的效果,现在则可以利用数据来分析用户画像、行为轨迹、转化率等。就像科学家研究 DNA 一样,现在可以通过数据了解流量的"基因",从而找到更精准的流量策略。

比如,一家电商平台通过用户购买记录、浏览记录、搜索记录等数据,将用户划分为不同的群体,如"爱美一族""运动达人""文艺青年"等。然后针对不同的用户群体,推送不同的商品和广告,最终实现了精准营销,提高了转化率。

2. 智能化:流量的"大脑"

数字化的第二层含义在于智能化的应用。人工智能算法的出现,让流量的分配变得更加智能化。例如,通过机器学习算法,可以自动识别用户兴趣,并将相关内容推送给用户,能提高用户黏性。比如,某短视频平台利用人工智能算法,根据用户观看记录和点赞记录,为用户推荐了更加符合他们兴趣的视频内容,最终实现了用户留存率的提升。

3. 互动化:流量的"心脏"

数字化的第三层含义在于互动化的体验。传统的流量模式是单向的,从内容生产者到消费者。而数字化流量则更加注重用户参与,鼓励用户互动,建立更紧密的联系。比如,某直播平台通过弹幕、送礼物、评论等互动方式,让用户参与到直播内容中,增强了用户体验,也提升了直播的观看时长。

正因为全域流量具有上述数字化特征,所以,我们不能再孤立地看待各个渠道和平台的流量,而是要将其视为一个相互关联、相互影响的整体数字生态系统。在这个数字生态中,数据成为关键的驱动因素。通过对海量数据的收集、分析和挖掘,我们能够清晰地了解用户的行为模式、兴趣偏好和消费习惯。基于这些精准的洞察，企业可以更加智能地构建和优化流量管道，实现更高效的流量分配和转化。

全域流量的三大核心要素

你是否曾经感叹，为什么一些知名品牌总能精准地捕捉到你的需求，你的消费习惯与偏好？又或者，你是否也为自己的营销活动颗粒无收而感到困惑？

这背后的原因往往与流量的运营策略息息相关。那些成功的品牌，正是因为深谙全域流量运营之道，才能在激烈的市场竞争中把握先机。而要实现有效的流量运营，关键在于把握全域流量的三大核心要素。

1. 数据融合：打造"全知全能"的营销大脑

试想：你拥有一个无所不知的"营销大脑"，它能洞悉用户的一举一动，并根据他们的兴趣爱好量身定制营销策略，会是怎样一番体验？这可不是科幻电影里的场景，而是当下数字化营销领域正在发生的现实——通过数据融合，将分散在各个角落的数据汇集起来，形成一个完整且清晰的用户视图。如此，企业得到的不再是碎片化、片段化的信息，而是全面、连贯且富有深度的洞察能力。

例如，通过整合用户在社交媒体上的互动数据、电商平台的购买历史、线下门店的消费记录等多维度信息，企业能够深入了解用户的喜好、需求和行为模式。这种全面的洞察使营销策略不再是盲目猜测，而是基于真实数据的精准决策。

以一家服装品牌为例，利用数据融合，它发现某个用户经常在社交媒体上关注时尚穿搭的内容，同时在电商平台上多次购买某一风格的服装。基于这些数据，品牌向该用户推送与其喜好高度匹配的新款服装，这就大大提高了营销的针对性和成功率。

这就是数据融合的魅力所在。它将用户的线上线下行为数据整合起来，帮助企业构建了一个完整的用户画像，从而实现了更精准的营销触达。

2. 用户体验优化：让用户"爱不释手"的秘密

用户体验是全域流量策略的灵魂。就像一座桥梁，连接着企业与用户，只有让用户感受到舒适和愉悦，才能留住他们的心，并让他们成为忠实的粉丝。

用户体验的优化涵盖众多方面。从用户初次接触产品或服务的那一刻起，从界面的设计是否简洁美观、操作流程是否便捷易懂，到后续的服务响应是否及时高效、售后支持是否贴心周到的每一个环节都至关重要。

比如，某外卖平台通过分析用户的用餐习惯，优化了平台的操作流程，将下单、支付、配送等环节简化，让用户只需几秒钟就能完成操作。这样的体验，自然会让用户乐于使用，并成为平台的忠实用户。

试想，你在浏览某个购物平台时，却时常遭遇各种卡顿和崩溃，或是有各种弹窗广告，你会有什么感觉？肯定是极度烦躁和不满。这种糟糕的体验会让你瞬间失去继续浏览和购买的欲望。所以说，优化用户体验至关重要，它包括网站速度、页面设计、操作流程、客服服务等，每一个细节都有可能影响用户的最终选择。

3.跨渠道一致性：打造"无缝衔接"的营销体验

在全域流量的时代，用户不再局限于单一渠道，他们会在多个平台、多个设备之间自由切换。因此，企业必须重视跨渠道一致性，以确保在不同的平台和设备上，用户都能获得一致的品牌体验。

比如，用户在手机上浏览社交媒体时看到某个产品的广告，然后在电脑上通过搜索引擎进一步了解该产品的详细信息，最后在线下门店体验和购买。如果在这个过程中，企业不能在各个渠道为用户提供一致的体验，如产品信息不一致、服务标准不同、品牌形象有差异等，就会导致用户体验出现严重的割裂感。

这种割裂感会让用户感到困惑和不满，他们会质疑企业的专业性和可靠性。比如，用户在网上看到的产品描述与线下实际看到的不一致，就会觉得受到了欺骗；或者用户在不同平台上享受的服务水平参差不齐，就会对企业的管理能力产生怀疑。

全域流量的管理与运营，如同筹备一场盛大的宴会。企业需要像一位经验丰富的宴会策划师那样，每一道菜品的选择，每一处细节的布置都需要特别讲究，如此才能确保每一位宾客都能享受到满意的服务。

全域流量的优势与挑战

在数字化转型的浪潮中，全域流量作为一种新兴的营销理念，正在深刻地改变着企业的营销格局。它不仅要求企业打破传统渠道之间的界限，实现线上线下的无缝对接，还强调了多渠道的协同作用，以及数据驱动的个性化营销策略。

可以说，全域流量为企业和品牌带来了前所未有的机遇，但同时也伴随着一系列的新挑战。全域流量究竟具有怎样的独特优势，又面临着哪些亟待突破的困境呢？

1.全域流量的优势：流量争夺战中的"秘密武器"

全域流量的优势显而易见，它就像是一把"流量宝剑"，能够帮助商家在竞争激烈的市场中脱颖而出，并实现流量的"质"和"量"的双提升。

（1）提升用户触达率。全域流量的"无界"特性打破了传统营销的局限性，让商家能够触达更多潜在用户。这就像是一张"网"，无论用户在哪片"海域"，都能被商家撒网"捕捉"。通过全域流量，企业可以利用线上线下的多种渠道，包括社交媒体、搜索引擎、电商平台、线下门店等，实现全方位覆盖。这种覆盖不是简单的叠加，而是通过渠道间的协同作用，实现流量的相互引流和支持，使得用户无论在哪个触点都能与品牌进行互动。

（2）提高用户转化率。全域流量能够实现用户数据的互通，精准识别用户的需求，并为其提供个性化的营销服务，从而有效提升用户转化率。例如，商家可以利用用户在电商平台的浏览记录，推荐相关产品，并通过社交平台进行二次曝光，最终促成用户下单。这种策略不仅能够提高用户的购买意愿，还能增强用户对品牌的忠诚度。通过数据分析，企业可以更好地了解用户的偏好和行为模式，从而可以为用户提供更加贴合他们需求的产品和服务，从而进一步提高转化率。

（3）降低获客成本。全域流量能够通过精准营销，减少无效流量的浪费，提高广告投放效率，降低获客成本。这就像是一支"神箭"可以直接命中目标用户，这就避免了"漫无目的"的广告轰炸。通过精准定位目标用户群体，企业可以将资源集中在最有潜力的用户身上，而不是盲目地进行广泛的广告投放。这样不仅可以提高营销活动的投资回报率，还能降低整体的营销成本。此外，全域流量还能够通过多渠道的协同作用，提高现有用户的复购率，从而进一步降低获客成本。

全域流量为企业提供了更广阔的营销空间，通过打破渠道间的壁垒，来实现流量的全方位覆盖，提升用户触达率，提高用户转化率，并降低获客成本。这些优势使企业能够在激烈的市场竞争中占据有利地位，实现可持续增长。

2. 全域流量的挑战：流量池的"管理"难题

当然，全域流量并非完美无缺，它也面临一些挑战，就像是一面"镜子"，可以照出商家在流量管理方面的不足。

（1）数据孤岛。在实施全域流量管理的过程中，容易出现一个问题，即所谓的"数据孤岛"现象。这种现象指的是企业内部或跨平台之间存在多个独立的数据存储系统，这些系统之间缺乏有效的互联互通机制，导致数据割裂，无法形成统一的用户画像，从而影响营销活动的效果。在这种现象各个独立的数据存储系统就像是一个个"孤岛"，彼此孤立，无法形成"合力"。

（2）数据安全。企业和商家在运营过程中积累了大量的用户数据，包括但不限于个人身份信息、消费习惯、地理位置等敏感信息。这些数据对于企业来说就如同一座"金库"，但同时也面临着数据泄露的风险。因此，确保用户数据的安全性和隐私就成了一个至关重要的问题。

（3）运营成本。全域流量的运营需要整合多个平台，这意味着企业需要投入更多的资源来确保各平台之间协同运营。这不仅包括技术层面的支持，还需要专业的人才来执行策略。因此，全域流量的运营成本相对较高，这也是企业在实施全域流量战略时需要面对的一个重要挑战。

面对全域流量的挑战，商家需要积极探索新的解决方案，例如，构建数据中台，实现数据互联互通；加强数据安全管理，保护用户隐私；优化运营流程，降低运营成本；注重用户体验，提供优质服务。

全域流量既展现出了显著的优势，又不可避免地面临诸多挑战。企业若想形成一个健康、高效的流量生态，让用户、商家和平台都能从中受益，就必须充分发挥全域流量的优势，巧妙应对其面临的挑战，并制订出切实可行的策略，以实现流量的高效转化和持续增长。

全域流量引领下的商业模式迭代

过去，在互联网野蛮生长的年代，很多人像是被困在信息洪流中的无头苍蝇，为了争夺稀少的流量，各出奇招，上演一场场"流量争夺战"。刷榜、刷评论、刷数据，无所不用其极，仿佛只要流量够多，就能立于不败之地。

当我们回过头来审视那场流量盛宴时，会发现它既带来了巨大的机遇，也埋下了不少隐患。一些确实有才华、有创意的个人和团队，通过分享有价值的知识和经验,积累了大量的忠实粉丝。但更多的人则是空欢喜一场,他们盲目跟风,投入大量资金却未能获得预期的回报,转化率低得可怜,用户留存率更是昙花一现。最终,不得不感叹:"流量是风,吹过就散,抓不住啊!"

幸运的是,时代在变。特别是全域流量的兴起,如同一股汹涌的浪潮,冲击着传统商业模式的堤坝,引发了一场前所未有的变革。它不仅改变了企业获取用户和市场的方式,更深度重塑了商业价值的创造与传递逻辑。在全域流量的引领下,商业模式正经历着快速而深刻的迭代。

那么,全域流量究竟是如何引领商业模式迭代的呢?

1. 全域流量打破了单一平台的流量限制,让品牌触达用户的方式更加多元化

想象这样一种情形:你正在刷短视频,突然看到一个你感兴趣的品牌广告,就顺手点进去,发现它不仅有商品链接,还可以跳转到品牌小程序,甚至还可以关注微信公众号,获取更多信息。这就像是在玩一个大型的"流量迷宫",你永远不知道下一个出口在哪儿,但你却始终沉浸其中,乐此不疲。

2. 数据驱动的决策,提供更个性化的服务

全域流量能够将分散在各个角落的用户行为数据进行全面整合与深度分析,从而为品牌提供强大的支持,使其能够更加精准地定位目标用户,并为他们提供极具个性化的优质服务。

过去,我们往往只能依赖一些相对粗略且笼统的标签来对用户进行定义,如年龄、性别、地域等表面特征。如今,情况已经发生了翻天覆地的变化,我们可以通过收集和分析用户在不同平台上的浏览记录、详细的搜

索、购买记录等多维度的数据，对用户进行更为深入、细致和全面的画像描绘。这种画像不再是简单的轮廓勾勒，而是深入用户的内心世界，来清晰地了解他们的真实需求、潜在偏好以及独特的消费习惯。基于此，品牌能够有的放矢地为用户提供更加精准、贴合其心意的产品和服务，以真正满足用户的个性化需求，从而提升用户的满意度和忠诚度。

3.打破传统营销模式，品牌与用户的连接更加紧密

过去，品牌只能依靠广告、促销等相对单一且较为生硬的手段来试图吸引用户的关注。这种方式往往缺乏与用户的深度互动和情感连接，难以真正触动用户的内心，效果也往往不尽如人意。

如今，品牌可以通过多种互动方式与用户建立紧密的联系。比如，可以通过直播的形式，实时展示产品的特点和使用方法，并与用户进行及时的互动交流，解答他们的疑问，让用户感受到品牌的真诚与专业；也能借助社群的力量，组织各类线上线下活动，增强用户之间的交流与互动，营造出一种归属感和认同感，使品牌成为用户生活的一部分；还能利用短视频的生动性和趣味性，以富有创意的内容吸引用户的目光，传递品牌的价值和理念。

通过这些丰富多样的互动方式，品牌与用户之间不再是单纯的买卖关系，而是能够建立起更加深层次、更加稳固和更具黏性的联系。不仅用户对品牌的忠诚度能得到提高，品牌也能够更好地满足用户的需求，这就实现了双方的共同成长和发展。

4.通过生态合作，实现与合作伙伴的联动

全域流量的范畴远不止于企业内部有限的资源整合，其深度和广度还延伸至与众多外部合作伙伴的紧密联动，其中涵盖了供应链、物流、支付

平台等关键领域。

以供应链为例,通过与优质供应商建立战略合作关系,企业不仅能够确保原材料的稳定供应,还能够提升产品质量,优化生产成本结构,从而在市场上更具竞争力。在物流方面,与高效可靠的物流企业携手,能够实现快速准确的配送,提高用户的购物体验,并增强用户对品牌的满意度和忠诚度。至于支付平台,与安全便捷的支付机构合作,不仅可以为用户提供多样化的支付选择,还可以简化支付流程,降低交易风险,促进消费的达成。

通过这样全方位的生态合作,企业可以有效地扩展其服务的边界,提供更多元化的价值,形成共生共赢的商业模式,而不再受限于自身的固有能力和资源。

总而言之,全域流量不再仅仅局限于单个平台的流量争夺,而是将目光投放于整个互联网生态,以构建起一个多触点、全链路的流量矩阵,进而引领并加速传统商业模式的变革。在这样的变革浪潮中,品牌需从"流量为王"向"价值为王"转变,并将用户体验放在首位,用更精细化的运营手段,满足其需求,以不断提升自身的竞争力。

第三章
多维引流：换赛道，不如换获客模式

当传统的获客模式逐渐失效时，不要盲目"换赛道"——无论是线下门店，还是线上平台，依靠单一渠道或传统营销手法来吸引新客户的成本越来越高，效果也越来越差。真正有效的策略是深耕现有市场，重构获客模式，实现多维引流。

传统引流方式：拉新、留存、回流

你是否还记得那段激情四射的恋爱时光？初见时的怦然心动，热恋时的甜蜜，还有激情褪去后的平淡生活。其实，这段爱情故事中也暗藏着营销的奥秘！下面，我们就从恋爱的视角来解析传统引流的三大方式——拉新、留存、回流，以及其背后的深层逻辑。

1. 拉新：初见倾心，怦然心动

人们往往对新鲜事物感到好奇，产生兴趣。通过独特的品牌故事或创新的营销手段，可以有效激发潜在客户的好奇心，从而实现拉新目标。

拉新，就好比爱情中的"初见倾心"，第一眼看到对方，就被其独特的气质所吸引，忍不住想要主动靠近。想要吸引潜在用户，就必须找到他们的"痛点"和"痒点"，并巧妙地展示自己的"优势"。

例如，一个新的健身 App 在推出时，针对现代人工作繁忙但又渴望健康的痛点，打出了"每天 15 分钟，轻松拥有好身材"的口号，并通过精彩的视频展示用户在 15 分钟内使用 App 后的显著变化，成功吸引了大量初次尝试健身的用户。

总之，拉新的关键在于创造出令人心动的第一印象，以激发潜在用户的兴趣和欲望，并让他们愿意走进来，了解更多。

2. 留存：甜蜜热恋，你侬我侬

留存，就如同爱情中的"热恋期"。双方互相吸引，彼此珍惜，用心经营着这段感情，并不断加深着对彼此的了解和信任。要想留住用户，就要为他们提供持续的价值，并不断满足他们的需求。

比如，《王者荣耀》不断推出新英雄、新皮肤、新玩法，使用户产生新鲜感，并通过各种活动和福利，鼓励用户持续参与。再如，某音乐平台根据用户的听歌喜好，为其推荐个性化的音乐和歌单，并提供优质的评论和社区互动，提升了用户的留存率。

要想真正留存用户，就需要不断挖掘用户的深层次需求，并持续输出有价值的内容和服务，来让用户在使用产品或服务的过程中获得良好的体验，从而建立起长期的忠诚度。

3. 回流：彼此珍惜，重燃旧情

随着时间的推移，即使是再美好的恋情也会遇到平淡期。这时候，重燃旧情就显得尤为重要。在营销中，"回流"就是要重新吸引那些曾经离开的用户，让他们再次回到你的品牌怀抱。

比如，一些在线阅读平台会定期向曾经的活跃用户推送他们可能感兴趣的热门书籍，同时告知他们平台新增的功能和优化的阅读体验，以吸引用户重新回归。还有一些手机品牌，在推出新款手机时，为老用户提供以旧换新的大幅优惠政策以及专属的售后服务，成功召回了许多流失的用户。

让用户回流，不仅要给予他们一些物质上的优惠，还要让他们感受到品牌的关怀和重视。通过真诚的沟通、贴心的服务以及持续的改进，让用户重新认识到品牌的价值和魅力，从而再次建立起紧密的联系。

就像一段美好的爱情需要精心呵护一样，品牌与用户之间的关系也需要用心经营。开始时通过"拉新"建立初步联系，之后通过"留存"加深彼此的情感，最后再通过"回流"重燃旧情，这样，品牌就能够夯实稳固而持久的用户基础。这不仅是数字上的增长，更是情感上的连接，是品牌与用户之间深厚关系的体现。

全域获客：最大化挖掘潜在客户

过去，我们总是主观地认为：客户就在固定的某些地方，等着我们去捕获。所以，我们只在单一的平台或是渠道投放广告。如今，时代变了，客户像个调皮的小孩子，一会儿刷微博，一会儿刷抖音，一会儿又去逛直播，如果总是固执地采用老一套办法，就只能眼睁睁看着他们溜走！

"全域获客"的精髓，就在于打破传统营销思维的局限，像撒网一样，将所有可能的触点、渠道都要囊括——从线上到线下，从社交平台到搜索引擎，从直播带货到社群运营，只要客户可能出现的地方，我们都要去"撒网"！

不要以为"全域获客"就是盲目撒网，逮着谁算谁，那可就大错特错了。"全域获客"的精髓在于"精准"，而"精准"的基础则是"数据"。试想，你在网上看到一个广告，正好是你心仪已久的商品，你会多么高兴。但这可不是巧合，而是精准投放的结果。平台通过收集用户的浏览记录、消费习惯、兴趣爱好等数据，将最合适的广告推送给你，让你"一击即中"。反过来,想要实现"全域获客",我们就需要搭建数据分析系统,收集用户的行为数据,并进行深度分析。通过对用户画像的描绘,我们可以精准定位目标客户群体,并制定更有针对性的营销策略,从而让广告不再是"广撒网",而是"精准狙击"。

比如,某电商平台通过"拼团+红包"的"全域获客"策略,在短时间内迅速崛起。他们在微信、QQ、抖音等社交平台上进行广告投放,并利用用户之间的关系,鼓励用户相互推荐,实现了裂变式传播。同时,他们还通过发"红包"等营销手段,吸引用户参与活动,以提升用户黏性。

为了搭建数据分析系统,可以采用如下具体步骤和方法:

1. 数据收集:构建用户行为全景图

想要实现全域获客,首先要解决数据收集问题。企业需要建立完善的数据采集体系,将用户在网站、App、小程序、线下门店等各个触点的行为数据进行整合,并以此来构建用户的全生命周期数据模型。例如,可以利用网站分析工具收集用户浏览页面、点击链接等行为数据,利用App分析工具收集用户使用功能、购买商品等行为数据,利用线下门店的POS系统收集用户消费记录等数据。

2. 数据清洗与处理:确保数据的准确性和完整性

数据收集只是第一步,还需要对收集到的数据进行清洗和处理,才能确保数据的准确性和完整性。清洗数据包括去除重复数据、改正错误数据、补充缺失数据等,处理数据则包括对数据进行标准化、格式化、数据降维等操作,是为后续的分析工作做准备的必要步骤。

3. 数据分析:洞悉用户行为背后的秘密

数据分析是全域获客的核心环节,通过对用户数据的深入分析,企业可以了解用户的画像、需求、行为习惯等信息,进而制定更精准的营销策略。常用的数据分析方法包括:用户画像分析,即通过对用户人口属性、兴趣爱好、消费习惯等信息进行分析,构建出用户画像,以帮助企业精准定位目标客户群体;用户行为分析,即对用户浏览页面、点击链接、购买商品等行为数据进行分析,以了解用户在不同阶段的消费行为特点,从而为企业提供针对性的营销策略;A/B测试,也就是通过对不同营销方案进行对比测试,来分析用户对不同方案的反应,从而帮助企业优化营销策略,提升转化率。

4.数据管理:建立统一的数据标准和规范

数据分析系统的核心在于建立统一的数据标准和规范,这是确保数据质量、一致性和可比性的基础。通过制定明确的数据定义、格式和存储规则,组织就能够减少数据冗余、错误和不一致性,从而提高数据分析和决策的准确性。

在实施数据标准和规范的同时,组织还需要建立一套定期的数据备份和维护机制。数据备份是防止数据丢失和损坏的重要措施,它确保在发生意外事件时,组织能够快速恢复其关键数据。而数据维护则包括定期检查和清理数据,以识别并修正潜在的数据质量问题,如错误、重复或过时的记录。

此外,完善的数据管理体系还应涵盖数据安全和数据治理。数据安全措施,如加密、访问控制和定期的安全审计,能够保护组织的数据免受未经授权的访问和泄露。数据治理则涉及制定和执行关于数据使用、共享和保护的政策和流程,以确保数据的合规性和最佳实践。

综上所述,建立完善的数据管理体系是一个综合的过程,它不仅要求企业在技术和流程层面进行投入，还需要在企业文化和员工意识上进行培养。通过这样的体系，企业能够更好地管理和利用自身的数据资产，并更加精准地识别和吸引潜在客户，从而让全域获客的效果得到提升。

多维布局：打造新的流量引爆点

数字时代，企业要想有足够的竞争力，就必须掌握流量的获取与管理。全域流量的理念正是在这种背景下应运而生的，它不仅要求企业打破传统渠道之间的界限，实现线上线下的无缝对接，还强调了多渠道的协同作用，以及数据驱动的个性化营销策略。也就是说，单一的流量获取方式已不再奏效，多维布局成了新的流量引爆点。

多维布局，就如同武侠小说里的绝世高手，只有拥有多种绝技，才能纵横天下！同样，企业要想在激烈的市场竞争中站稳脚跟，也需要具备多维布局的能力。这就意味着企业不仅要掌握传统渠道的运营技巧，还要善于利用新兴的数字渠道，即需要通过多种招式来获取和管理流量。

招式一：打通线上线下，构建流量闭环

如果你精心策划了一场线下活动，却只有寥寥几个观众，这就像舞台剧演员对着空椅子表演，是不是很尴尬？如何打破这种局面？答案是线上预热，线下引流！线上发放优惠券，线下进行互动；线上直播，线下体验……线上线下联动，让流量无缝衔接，就像一条闭环的河流，生生不息！

来看一个例子：某奶茶店推出新品后，在线上发起"猜猜是什么口味"的投票活动，吸引用户关注，同时线下设置试饮区，让用户体验新品，并可用微信支付，成功将线上流量转化为线下销量，实现了流量闭环！

招式二：多元化内容营销，让品牌像网红一样吸睛

现在的用户就像一些挑剔的美食家，只有口味独特的料理才能吸引他们。如何打造你的品牌"料理"？最快捷的方法是多元化内容营销。它能给你的品牌添加各种"香料"——视频、图文、音频、直播，甚至游戏，从而让你的内容像"百变大咖秀"一样精彩！

比如，某运动品牌利用短视频平台，制作了一系列"运动小技巧"视频，并邀请知名博主进行推广，不仅提高了品牌曝光率，还吸引了大量潜在用户，从而提升了品牌影响力。

招式三：利用用户数据，实现精准引流

现在的用户，就像躲在暗处的"猎物"，只有精准地"狙击"才能命中目标。如何做到精准引流？正如我们提到的，要利用用户数据，通过数据来洞悉用户的需求，如性别、年龄、兴趣爱好、消费习惯等，收集这些信息，并像拼图一样，拼出用户的画像，再根据画像进行精准投放。比如，不少电商平台会利用用户购买记录，分析出用户的喜好，并向其推荐相关产品，这不仅提升了用户体验，还提高了转化率。

招式四：社交媒体营销，让品牌快速传播

社交媒体就像一个热闹的"集市"，要想让品牌在"集市"中成为"网红"，实现快速传播，关键步骤有三个：用户评论、转发、分享。首先，积极引导用户留下正面的评论，这不仅能提升品牌形象，还能激发其

他用户的兴趣。其次，创造易于传播的内容，如有趣的图文、视频等，这些内容易于引起共鸣，可以促使用户自愿主动转发。最后，通过设置有趣的挑战或活动，鼓励用户分享自己的体验和故事，这不仅能够增加品牌的曝光率，还能建立起与用户的深度连接。通过这三个步骤，品牌可以有效地利用社交媒体平台的特点快速扩散，最终成为社交媒体上的"网红"。

招式五：打造社区，提升用户的黏性

要提升用户的黏性，就如同花朵要吸引一群"小蜜蜂"般，需要为它们提供香甜的"花蜜"。怎么提供"花蜜"？很简单，建立用户社区。首先，确定社区的核心价值，围绕这一价值策划各类活动和话题，并确保它们能引发用户的兴趣和共鸣。其次，鼓励用户参与进来，分享他们的经验和见解，可以通过设立积分奖励、举办线上活动等方式激励用户积极参与讨论。此外，还可以邀请行业内的意见领袖加入，以增加社区的专业性和吸引力。

最重要的是，要营造一个友好互助的氛围，让用户能在社区里找到归属感和成就感。通过这样的方式，用户会更愿意长时间停留在社区内，并且积极地向他人推荐，从而形成强大的用户黏性和口碑效应。

例如，一些游戏公司通常会建立游戏玩家社区，让玩家可以互相交流游戏技巧，分享攻略，参加线上线下活动，这就建立了用户黏性，并提升了用户忠诚度。多维布局就像是参加一场精彩的"马拉松"，获取流量仅仅是开始，真正的目标是将这些流量转化为忠实的客户。为了达到这个目的，需要不断调整和优化相关的营销策略，并要确保每一个环节都能为用户提供价值。

内容为王：吸睛营销的四大策略

在引流过程中，内容如同一把金钥匙，是品牌吸引用户注意力的关键。特别是在自媒体高度发达、信息泛滥，而且人的注意力又特别稀缺的今天，能否创作出既有趣又能触动人心的内容几乎决定了品牌的成败。

因此，要实现多维引流，必须以内容为王。无论文字、图片还是视频，都需要具有吸引力、独特性和价值性，并能够触动用户的情感，引起他们的共鸣，这样才会促使他们主动分享和传播，并在社交媒体上形成口碑效应。

具体来说，在内容创作时，要把握好以下几个吸睛点：

1. 内容要"抖机灵"，要像相声演员一样妙语连珠

你以为消费者都是严肃认真的智者？错，他们也可能是爱看热闹的吃瓜群众。所以，创作的内容要像相声一样，幽默风趣，妙语连珠，才能吸引他们的眼球。比如，可以在介绍产品时加入一些俏皮的语言，或者通过讲故事的方式，用轻松诙谐的口吻描述产品的特点和使用场景。

此外，还可以借助网络热梗或流行文化元素，让内容更加符合年轻消费者的口味。这样的内容不仅容易被分享传播，还能加深用户对品牌的印象，从而提高品牌的知名度和好感度。在社交媒体上，这种风格的内容往往能够迅速获得关注，并帮助品牌在众多信息中脱颖而出。

2. 内容要"搞事情",要像综艺节目一样刺激、精彩

如今的消费者,对传统的、千篇一律的广告产生了审美疲劳。要想吸引他们的注意,就需要像综艺节目那样,创造出既刺激又精彩的内容。这意味着要在内容中制造话题,玩转互动,让消费者不仅观看,还能参与其中,从而让消费者成为品牌的忠实粉丝。

可以定期举办线上活动,如举办挑战赛、进行话题讨论、直播互动活动等,这些活动能够激发用户的参与热情。还可以利用热点事件或节日节点,发起相关的主题活动,让用户感到新鲜有趣。同时,鼓励用户分享自己的故事或使用体验,不仅可以增加用户的参与度,还能增强品牌的社交属性。

另外,结合AR(增强现实)、VR(虚拟现实)等新技术,可以为用户提供更加沉浸式的体验,让他们在享受乐趣的同时,对品牌产生深刻的印象。通过这些方式,品牌不仅能够吸引用户的注意力,还能建立起与用户之间的情感联系,最终培养出一批忠诚的粉丝群体。

3. 内容要"接地气",要像朋友聊天一样亲切自然

想要打动消费者,就要与他们建立情感共鸣,用他们听得懂的语言,讲述他们关心的故事。就像与朋友聊天一样,只有亲切自然,才能拉近距离,产生信任。

要做到这一点,首先要深入了解目标受众的兴趣点和价值观,使用日常生活中常用的词汇和表达方式,避免过于专业或晦涩难懂的术语。其次,可以通过讲述真实的故事,如用户的使用经历、品牌背后的小故事或是员工的工作日常,来唤起消费者的共鸣。此外,还可以邀请用户参与内容的创作,如征集用户的故事、建议或创意,这样不仅能增加用户的参与感，还能让内容更加贴合用户的需求。

通过这种方式，品牌不仅能够传递真诚的态度，还能让用户感觉到自己是品牌大家庭的一部分，进而建立起更加牢固的情感纽带。

4. 内容要"有深度"，要像名家小说一样引人入胜

别以为消费者只喜欢看热闹，他们也渴望得到启迪，渴望了解事物背后的故事。因此，你介绍产品的内容要像名家小说一样，有深度，有内涵，才能引人入胜，让人回味无穷。

要创作出有深度的内容，首先要选择有意义的主题，如探讨行业趋势、社会现象或者是人文关怀等。其次，可以通过讲述真实的故事来传达这些主题，如品牌的创立历程、用户的感人故事或者是行业内鲜为人知的秘密。这些故事不仅能吸引消费者的注意力，还能激发他们的情感共鸣。当然，也可以邀请行业专家或意见领袖进行访谈，分享他们的见解和观点，从而为内容增添权威性和可信度。通过这种方式，不仅能提供有价值的信息，还能展现出品牌的洞察力和社会责任感。最后，在内容中巧妙地融入品牌的核心价值和理念，让读者在享受阅读的过程中，自然而然地理解品牌所代表的意义。这样的内容不仅能够吸引目标受众的注意，还能帮助品牌建立更为深刻、饱满的形象。

总之，在内容创作方面，品牌需要明确自己的目标受众是谁，他们关注什么、需要什么。然后，根据这些信息来制订内容策略，确保内容足够吸引人，并能够精准地触达目标受众。这样不仅可以提高内容的转化率，还能够让品牌在目标受众脑海里留下更加深刻的印象。

SEO+SEM：双剑合璧，提升可见度

此刻，你是否还在为自己的网店或平台流量少得可怜而愁眉苦脸？是否还在为推广预算有限而苦苦挣扎？是否还在为用户"过眼云烟，不留痕迹"而感到心塞……其实，完全没有必要，只要你能用好两个工具，一切问题都会迎刃而解。那这两个工具是什么呢？答案是：SEO（搜索引擎优化）和 SEM（搜索引擎营销）。

简单来说，SEO 就像是你在茫茫人海中，默默地打磨着自身魅力，让更多人发现你；SEM 则像是在熙熙攘攘的市场，精准地投放广告，让目标用户主动找上门来。两者相辅相成，并且在"双剑合璧"时，会将"流量潜力"发挥到极致。

1. SEO：提升排名，快捷引流

在互联网世界里，一个网站，一个平台，就如同一家深藏在闹市里的小店，而搜索引擎就是路过的行人。要想让更多人看到你的店铺，就必须让店铺"脱颖而出"，吸引行人驻足。

如何做到这一点？可以通过精心设计的 SEO 策略和高质量的内容来吸引人，并让"行人"产生进一步探索的兴趣。

（1）内容要"有料"。就像美酒佳肴，需要"色香味俱全"才能吸引顾客，网站内容也要"优质、原创、有价值"才能吸引搜索引擎的青睐。

不要搞那些"复制粘贴""车轱辘话"了，用心的原创内容才能让你的网站"独树一帜"。

（2）结构要"清晰"。想象一下，一家杂乱无章的店铺，谁会愿意进去逛？网站结构也一样，要像"条理清晰"的购物清单，让用户一目了然，才能方便他们找到想要的信息。

（3）网站速度要"快"。谁会喜欢慢吞吞的网站？就像高速公路上遇到"龟速车"一样，用户会毫不犹豫地"换道"。所以，一定要优化网站速度，让用户"一见倾心"，留下好印象。

（4）网站代码要"干净"。就像一个人的着装，整洁得体才会让别人对他好感倍增。网站代码也要"干净利落"，才能让搜索引擎"赏心悦目"，即让它更容易理解网站内容。

（5）网站链接要"靠谱"。就像朋友之间的见面和交往，优质的外部链接就像"金字招牌"，能提高网站的信誉度，从而让更多人愿意"信赖"你的网站。

2. SEM：精准投放，高效转化

SEM 就像是在市场上做广告，但它比传统的广告更精准、更高效，因为你可以"精准定位"你的目标用户。如何才能做到"精准定位"？需把握好以下四点：

（1）关键词选择要"精准"。关键词的选择对于网站的搜索引擎优化至关重要。选择与目标用户搜索习惯相一致的关键词，能够帮助网站更精准地定位到潜在客户。也就是说，你需要深入了解你的目标受众，研究他们在搜索时会使用哪些词汇。找出那些既有较高搜索量又与你的业务紧密相关的关键词。此外，考虑使用长尾关键词，这些关键词虽然搜索量较低，但通常更具针对性，能够更精准地吸引到高质量的访问者。通过精准的关键词选择，你的网站就能更好地出现在你的目标用户的搜索结果中，从而提高你的流量和转化率。

（2）广告文案要"亮眼"。优秀的文案不仅要简洁有力，还要能够迅速传达出产品或服务的核心价值。使用富有创意的语言和强有力的呼吁行动（CTA），可以有效提升点击率。同时，结合用户痛点和需求，突出产品的独特卖点，能够让文案更具吸引力。通过这样的方式，不仅能够吸引用户点击，还能激发他们的购买欲望，从而提高转化率。

（3）广告投放要有"策略性"。广告投放也要讲究策略，就像运筹帷幄一般，只有选择合适的平台、时间和地域，才能最大限度地提升广告的曝光率和转化率。因此，要根据目标受众的特点，挑选最符合他们使用习惯的平台进行投放。同时，分析用户活跃的时间段，并在最佳时机展示广告。当然，还要考虑不同地域的文化差异和消费习惯，有针对性地调整广告内容和投放策略。

（4）广告监测要"及时"。广告监测就如同战场上的实时情报，需要时刻掌握"信息"和"战况"，以便及时调整广告策略，不断优化广告效果。因此，要利用各种工具和技术来跟踪广告的表现，包括点击率、转化率以及用户行为等关键指标。通过对数据的分析，可以迅速识别哪些策略有效，哪些需要改进。通过持续的监测和优化，可以显著提高广告的投资回报率（ROI）。

3.SEO+SEM："双剑合璧"，提升曝光度

SEO和SEM是两种互补的策略，它们共同作用可以显著提升网站的在线可见度和流量，从而最大化地获取潜在客户。

（1）优势互补。SEO注重的是内容建设和用户体验，以提高网站质量和相关性为主要目的；SEM则更专注于流量引导，即通过精确的目标定位和优化广告文案来吸引潜在客户点击。

（2）协同作战。SEO和SEM共同发挥作用，可以打造出一个完善的流量体系，从搜索引擎到用户体验，全方位地提升网站的在线可见度和转化率。比如，某电商平台在"周年庆"活动前，制定了详细的"SEO+SEM"策略：SEO方面，针对"双十一"关键词进行优化，更新网站内容，提升网站排名，为活动引流；SEM方面，通过关键词竞价广告，精准定位目标用户，引导用户进入活动页面，提升转化率。活动期间，该平台的流量和转化率都得到了显著提升，最终成功实现"周年庆"目标。

综上所述，SEO通过优化网站内容和技术结构来提高自然搜索排名，从而为SEM带来更多的自然流量。SEM通过付费广告的形式快速获取高曝光度，可以为网站及时带来流量，并通过优质的外部链接为SEO策略积累权重，来提升自然搜索排名。SEO、SEM"双剑合璧"，可以将网站的流量潜力发挥到极致，实现流量的持续增长和转化率的不断提升。用一句话概括，就是"流量为王，内容为皇，双剑合璧，天下无敌"。

社群运营：深度互动，增强客户黏性

如何让你的品牌在众多噪声中脱颖而出，让顾客不仅听见你的声音，还愿意为你停下脚步，甚至主动靠近你？答案就藏在"社群运营"中。

第三章 多维引流：换赛道，不如换获客模式

在互联网的大海里，每个品牌都像是一个小小的岛屿，要想吸引游客（顾客）到来，就需要在陆地和小岛之间建立一座稳固且有趣的桥梁（社群）。全域流量运营就像是这座桥的设计图，它教你如何从各个方向（线上线下的渠道）吸引并留住你的访客。

提到"社群运营"，不少人会认为，那不就是"王婆卖瓜，自卖自夸"吗？只要吹嘘自家产品有多好就行了。如果这样理解，那可就大错特错了。社群运营的精髓在于深度互动。过去，社群运营往往局限于单个平台或渠道，如微信群、QQ 群等，很多时候，只需狂轰滥炸就可以了。

但是，在全域流量运营的时代，社群运营的内涵和外延都发生了质的飞跃，它不再是孤立的运营方式。如果固守过去的那一套，非但玩不转，还会把自己玩"死"。现在的社群运营需与企业整体营销战略深度融合，并成为连接用户、促进转化、提升品牌价值的重要桥梁。

在这方面，美妆品牌完美日记（Perfect Diary）便是一个典型的例子。完美日记成立于 2017 年，凭借其创新的营销策略和对消费者喜好的敏锐洞察，迅速成为国内美妆市场的领军品牌之一。该品牌主要通过以下几个方面来构建其强大的市场地位：

一是与 KOL 合作。完美日记与众多关键意见领袖（KOL）建立了紧密的合作关系。这些 KOL 通常是在小红书、抖音等社交平台上有大量粉丝的美妆博主或网红。

二是 UGC 内容营销。完美日记鼓励用户在社交媒体上分享自己使用产品的照片和视频，这些用户生成的内容（UGC）为品牌提供了丰富的素材，同时也增加了产品的可见性和口碑传播。

三是社区建设和互动。完美日记在各大社交平台上建立了活跃的社

区，如小红书、抖音等，通过定期发布有趣的内容，参与话题讨论等方式，与用户保持了密切互动。

四是快速响应和迭代。通过持续监测社交媒体上的反馈和评论，完美日记能够及时了解消费者的需求变化，并据此调整产品线和营销策略。

通过上述策略，完美日记在很短时间内就建立起了一个庞大而活跃的用户社群，成功地塑造了自己的品牌形象，并实现了业务的高速增长。

完美日记的社交媒体营销策略不仅适用于美妆品牌，对于其他行业的企业也同样具有借鉴意义。对于多数企业而言，要想在社交媒体上建立活跃的社区并促进品牌成长，需要把握好四个关键。

1. 精准定位社群主题

根据自身产品和服务的特点来精准定位社群主题，以吸引目标用户群体。首先，应深入了解目标用户的兴趣和需求，明确社群的核心价值所在。例如，如果是一家健康食品公司，社群主题可以围绕健康饮食、生活方式等方面展开。其次，要不断优化社群内容，保持其吸引力和活力。这包括定期发布有价值的信息、鼓励用户分享个人经验等。通过这些措施，企业不仅能吸引目标用户加入社群，还能促进用户互动和参与，从而建立起一个活跃且忠诚的用户社群。

2. 定期举办互动活动

互动活动可以包括问答、投票、分享经验、竞赛等多种形式，旨在激发用户的参与热情。例如，举办一个"最佳用户故事"竞赛，鼓励用户分享他们与品牌或产品的互动经历，并给予获胜者一定的奖励。此外，还可以通过发放优惠券、提供限量版商品等奖励机制来吸引更多用户参与。这些互动活动不仅能够提高用户的黏性，还能够促进社群成员之间的交流，从而增强社群的整体凝聚力。

3. 培养社群意见领袖

企业可以寻找那些在社群中较为活跃、乐于分享并且具有影响力的人士，通过给予他们更多的关注和支持（如提供专属福利、邀请参加线下活动等）来增强他们对品牌的忠诚度。同时，也可以鼓励这些意见领袖分享自己的使用心得和成功案例，以真实的声音为品牌背书。通过这种方式，不仅能够提升社群的活跃度，还能够增强社群成员之间的信任感，从而促进社群文化的形成和发展。

4. 借助数据分析优化运营

可以利用社交媒体分析工具来追踪用户的互动情况，比如点赞、评论、分享等行为，以及用户的活跃时间段等。通过这些数据，能识别出哪些内容最受欢迎，哪些时间段最适合发布新内容。此外，还可以分析用户的反馈和建议，以便及时调整策略，满足用户的需求。通过持续的数据分析和策略优化，企业能够更好地服务于社群成员，并增强社群的凝聚力和活跃度。

总之，社群运营不是简单的拉人进群、发广告，而是一种情感的连接，一种价值的共享。当你用心经营，让每一个成员都能感受到温暖和价值时，你的社群就会成为一块强大的品牌磁铁，可以吸引并留住更多的忠实用户。

智能工具：数字营销时代的引流利器

随着人工智能（AI）技术的不断进步，以及传统营销方式效果的逐渐减弱，智能工具在引流方面展现出了巨大的潜力和优势。如何利用这些先进的智能工具来制定有效的引流策略，从而在激烈的市场竞争中脱颖而出呢？这是每一个市场营销人员都在思考的问题。

某公司是一家专注于健康食品领域的初创企业，希望通过社交媒体平台提高其产品线的认知度和销量。面对激烈的竞争环境，该公司决定采用一系列智能工具来优化自己的社交媒体营销策略。

公司设定的目标为：在3个月内将社交媒体粉丝数量增加50%；提高品牌在目标受众中的认知度；增加网站访问量和潜在客户的转化率。

实施步骤如下：

首先，进行数据分析。使用腾讯社交广告平台等工具收集用户行为数据，了解目标消费者的偏好和习惯。

其次，进行内容策划。设计一系列有趣且具有参与性的内容，包括相关文化知识分享、新品介绍视频、限时折扣促销，以及与用户的互动活动。

再次，与KOL合作。与知名美食博主和生活方式意见领袖合作，通过他们的社交媒体账号推广品牌。

最后，开展话题挑战。运用抖音平台的话题挑战功能，发起相关的热门话题挑战，鼓励用户上传一些自己制作食品的照片或视频，并带上品牌标签。

一个月后，该公司的品牌新增了 8 万多名粉丝，超出预期目标。通过与 KOL 合作和热门话题挑战，该公司的品牌的曝光度显著提高，相关帖子的浏览量超过 200 万次。与此同时，在线销售额增长了约 40%，其中大部分增长来源于新获得的粉丝群体。

这个案例展示了如何通过综合运用各种智能工具，来有效地提升品牌在社交媒体上的曝光度，并最终实现引流和转化的目标。为了更好地理解如何利用一些智能工具来提高引流效果，接下来介绍几种常用的智能工具及其应用场景。

1. 全自动化视频生成工具

这类工具能够基于企业提供的关键词和目标受众偏好，快速产出符合品牌定位的短视频内容。这有助于增加内容的相关性和吸引力，从而提高用户参与度和分享率。

（1）引流方式。通常，工具内置的算法会根据不同短视频平台的特点自动调整视频格式和风格，这就确保了内容在各个平台上都能获得最佳展示效果，进而提高了跨平台的传播效率。另外，该类工具通过分析视频的表现数据，如观看量、点赞数、评论等不断优化内容策略，从而可以帮助企业在短时间内实现精准引流。

（2）应用场景。主要应用场景有四个：快速生成产品特性介绍的短视频，突出卖点，吸引潜在客户的注意；制作教程视频，向用户展示产品的使用方法或技巧，以提升用户体验和满意度；为促销活动、新品发布会等重要事件制作预告片,以激发用户的兴趣和期待感;通过讲述品牌背后的故事,加深消费者对品牌的认知和情感联系,从而增强其对品牌的忠诚度。

2. 实时视频编辑平台

该类平台支持直播等实时传播方式的视频编辑,能增加互动性和观看体验,而且企业可以在直播过程中实时编辑视频内容,以便及时响应观众的反馈。

(1)引流方式。观众可以通过投票或发送特定消息来影响直播内容的走向,这种形式的互动不仅增加了观众的参与度,还能促使他们分享直播链接,扩大观众群体。同时,平台利用其数据分析功能,可以识别出观众的兴趣偏好,并据此推送定制化的直播内容,这就提高了观众的留存率和活跃度。

(2)应用场景。应用场景主要体现在以下三个方面:一是直播带货,主播在展示商品的同时,可以及时添加商品信息、优惠券领取链接等元素,引导观众直接点击购买,提升转化率;二是在线教育,教育机构可以利用该平台实现实时标注、板书等功能,从而让教学过程更加生动直观,并提高学生的学习兴趣和效率;三是娱乐直播,艺人或网红可以通过实时编辑添加趣味特效、弹幕互动等方式,营造轻松愉快的氛围,从而吸引更多粉丝的关注和支持。

3. 虚拟现实与短视频融合工具

将虚拟现实与短视频融合正成为一种新的营销手段,它通过创造沉浸式的体验,让观众仿佛置身于视频内容之中,从而可以显著提升短视频的吸引力和传播效果。

（1）引流方式。主要有三种：利用虚拟现实技术打造身临其境的观看体验，让观众感觉如同亲临现场，从而提高视频的吸引力和留存率；用户可以在虚拟环境中与应用产品进行互动，如探索、点击、触摸等，从而增加用户的参与感和分享意愿；根据用户的观看历史和偏好，推送个性化的虚拟现实短视频内容，以提高用户黏性。

（2）应用场景。其应用场景主要体现在三个方面：一是旅游推广，旅游目的地和旅行社可以利用虚拟现实技术制作旅游景点的沉浸式视频，通过让用户提前体验旅行的乐趣，来激发旅行欲望；二是教育培训，在线教育平台可以通过虚拟现实技术制作模拟实验室或实地考察的短视频，来提供更加真实的学习体验；三是产品展示，企业可以制作虚拟现实产品演示视频，通过让用户在虚拟环境中体验产品的使用效果，来促进销售转化。

4. 自动化营销软件

这些工具能够智能化地执行多种营销任务，从而提高效率、降低成本，并带来更好的营销效果。

（1）引流方式。引流方式体现在三个方面：一是内容自动化，即自动生成或优化内容，如社交媒体帖子、电子邮件营销文案等，这就确保了内容的一致性和高质量，并提升了用户参与度；二是多渠道同步，在多个营销渠道上同步发布内容，最大化覆盖范围，同时保持品牌形象的一致性；三是数据分析与优化，自动化收集营销活动的数据，并基于这些数据进行实时优化，可以提高营销活动的效果。

（2）应用场景。应用场景主要涵盖三个方面，分别为：使用自动化工具在社交媒体上定期发布内容，并监控互动情况，以提升粉丝互动率和品牌曝光度；通过自动化工具优化产品列表、关键词和广告投放策略，以提高商品在电商平台上的可见性；利用自动化工具生成博客文章、视频摘要等，以增加网站的内容量和质量，并吸引更多流量。

除此之外，还有很多实用的智能引流工具涵盖从视频生成、实时编辑到影像识别、虚拟现实融合，再到自动化营销和数据分析监测等多个方面。它们共同构成了一个强大的数字营销"武器库"，不仅能提高营销效率，降低运营成本，还能帮助企业更好地理解并吸引潜在客户。

第四章
全域整合：构建全链路的流量生态

如今，流量红利正在逐渐消失，用户行为愈发多元化，传统营销模式的局限性日益显现……如何突破营销瓶颈？答案是：全域整合，通过整合线上线下、各个触点、不同渠道，构建全链路的流量生态。

从公域到私域：玩转流量转化游戏

今天，无论是企业还是个人品牌，都在寻找将公域流量转化为私域流量的有效途径。所谓"公域"，指的是社交媒体、搜索引擎等开放平台上的流量；而"私域"是指品牌自己掌握的流量池，如官方网站、App、微信群等。

公域流量犹如广阔的海洋，丰富却充满着不确定性；私域流量则如同精心打造的港湾，稳定且可控。如何在这片广阔的数字海洋中精准捕捞"大鱼"，将有价值的流量引入自己的港湾呢？要玩转这一流量转化游戏，关键在于构建一套系统化的引流、转化、留存与裂变的机制。具体来说，需要把握其中的几个关键要点。

1. 尽可能了解你的玩家

在开始任何游戏之前，了解游戏规则至关重要。对于流量转化来说，理解你的目标用户是谁，他们喜欢什么，不喜欢什么，是成功的第一步。

假设你是一位美妆博主，你的粉丝主体是年轻女性。那么，此时你就需要深入剖析这一群体的特点和需求。年轻女性通常对时尚、美丽有着强烈的追求，她们渴望获取最新的美妆资讯，喜欢轻松有趣且富有创意的内容呈现方式。基于此，你便可以明智地选择像抖音、快手这样备受年轻女性喜爱的平台，来施展你的魅力和才华，吸引她们的目光。

2. 快速搭建你的堡垒

明确了目标群体后，下一步就是建立一个稳固的"堡垒"，即打造自己的私域流量池。它可以是一个专属的 App、一个微信公众号，也可以是一个会员俱乐部。关键是要让用户在这里找到归属感。如果是一个健身品牌，其专属 App 不仅要提供专业的训练课程，还要让用户记录自己的健身数据，彼此交流心得，这样，才容易形成一个充满正能量的健身社区。

3. 运用诱饵战术

想要把公域的流量引入私域，就需要一些"诱饵"。这些"诱饵"可以是独家的内容、优惠券、赠品，也可以是其他的奖励，如会员专属的特权、优先参与活动的资格等。不论是什么"诱饵"，都必须有足够的吸引力，并且要能够精准地击中用户的需求和欲望。

例如，一家电商平台为了吸引公域流量进入私域，推出了限时领取的大额优惠券，只有关注其微信公众号或者加入会员群才能获取。这种优惠券对于那些有购物需求的用户来说极具吸引力，使得他们愿意主动留下联系方式，以便获取优惠券并享受后续的服务。

又如，一个知识付费平台提供独家的专家课程视频，只有注册成为其会员才能观看。对于渴望获取专业知识的用户而言，这样的独家内容无疑是一个难以抗拒的诱惑，能促使他们留下联系方式并成为会员。

4. 持续互动与培养

一旦用户进入了你的私域流量池，你就需要通过持续的互动来培养他们的忠诚度。常用的办法主要有这么几种：一是定期向用户发送具有实质价值的内容，例如，如果私域流量池是围绕美食主题构建的，就定期分享独家的特色菜谱、食材选购小贴士，或者是深入的美食文化解读；二是开展有趣且富有创意的活动，例如，举办美食摄影比赛，鼓励用户分享自己制作美食的精彩瞬间，或者开展美食盲盒抽奖活动，为用户带来惊喜和乐趣；三是提供优质上乘的客户服务，例如，及时回复用户的咨询和反馈，解决他们在使用产品或服务过程中遇到的问题，让用户感受到被尊重和关注。通过上述方式，有助于在用户心中树立良好的品牌形象，并增强用户的认同感和归属感，进而提升他们的忠诚度。

5. 分析与优化

持续不断地分析数据，并基于分析结果灵活优化策略，能够使私域流量运营得更加精准高效，并能够不断提升用户体验和业务成果。比如，借助诸如 Google Analytics 这样强大的工具来跟踪流量来源、用户行为等关键数据。通过分析流量来源数据，可以清晰地了解哪些渠道为我们带来了最多的新用户，是社交媒体平台上的推广活动比较有作用，还是搜索引擎的优化效果更为显著？了解了这些，便能有针对性地加大在效果显著的渠道上的投入。

同时，对用户行为数据进行深度剖析，以了解用户在私域流量池中的停留时间、访问页面的顺序、参与活动的频率等。假如发现用户在某个页面的停留时间极短，这可能意味着该页面的内容不够吸引人或者布局不够合理，需要进行优化改进。

玩转从公域到私域的流量转化游戏，不是简单的用户迁移，而是一场关于用户关系深度耕耘与价值最大化的战略实践。在这个过程中，企业不仅需要精准把握公域流量的入口与特性，更要具备将这些广泛分布的流量有效导入私域池的能力。这意味着，企业需从产品、服务、社群文化等多方面出发，构建一个让用户愿意主动停留、参与乃至分享的生态闭环。

线上线下融合：构建无死角流量网络

线上线下融合是商业发展的必然趋势。这一融合不仅打破了传统商业模式的边界，更为企业构建一个无死角、全方位的流量网络提供了无限可能。通过线上线下深度融合，企业可以更好地触达目标用户，实现流量的无缝对接与高效转化，从而在激烈的市场竞争中占据先机。

从这个意义上说，线上线下融合与其说是一场商业策略的革命，不如说是对用户体验与品牌价值的深度重塑。要想在这场融合的大潮中立于不败之地，企业不仅需要具备前瞻性的战略眼光，更需要掌握一系列行之有效的方法与策略。

1. 线下引流：让顾客主动"上门"

如同古代战场上的"招兵买马"，在现代商业中，我们也需要运用创意策略，让顾客主动上门。通常，线下引流的主要策略有三种：

（1）门店打卡。将门店打造成一个独特的网红打卡点，利用顾客的社交分享欲望，分享你的品牌。例如，奶茶店可以在店门口设置一个巨大的"巨型珍珠奶茶"模型，吸引游客拍照打卡，并通过社交平台分享，来迅速提升品牌知名度。

（2）实体店活动。策划一系列有趣且富有吸引力的活动，如现场试吃、限时抢购、幸运抽奖等，让顾客在享受乐趣的同时，也愿意走进你的门店进行体验。例如,服装店可以举办"换季清仓"活动,并邀请网红进行现场直播,通过网红的粉丝效应和活动的吸引力,来吸引大量顾客到店抢购。

(3)优惠券发放。在门店周边或人流量大的地方发放优惠券,用实际的优惠吸引顾客进店消费。例如,餐厅可以在门口发放"满减"优惠券,吸引附近的居民前来用餐,同时也可以通过优惠券的使用情况,来了解顾客的消费习惯和偏好。

2. 线上引流:吸引潜在顾客注意力

如今,线上引流已成为企业和个人品牌吸引顾客的重要手段之一。无论是通过社交媒体、官方网站还是其他数字平台,都可以有效地吸引潜在客户的注意力。

(1)微信公众号。建立一个富有吸引力和互动性的微信公众号,定期发布产品信息,开展优惠活动,更新促销方案等,用有价值的内容吸引顾客的关注。通过持续的互动和为客户提供优质的服务,将这些关注者转化为忠实粉丝,他们将成为你品牌口碑传播的重要力量。

(2)小程序。开发一个功能齐全、操作便捷的小程序,为顾客提供在线预约、支付、查询等一站式服务。这不仅可以提升顾客的体验,还可使你的品牌更加贴近顾客的生活,能随时随地满足他们的需求。通过小程序的智能推荐和个性化服务,你可以进一步加深与顾客的联系,从而来提高转化率。

(3)直播带货。利用直播平台的巨大流量和互动性,展现产品特色和优势。通过直播间的现场互动、试用演示、问答环节等,可以直接引导顾客下单,实现销售转化。同时,直播带货也是一种建立品牌信任和顾客忠诚度的有效方式，因为顾客可以直观地看到你的产品和你的团队，感受到你的专业和热情。

3. 线上线下融合：打造无缝购物体验

线上线下融合（O2O）已成为许多品牌和零售商追求的目标。通过将线上平台与线下实体店铺相结合，企业可以为顾客提供更加便捷和个性化的购物体验，从而吸引更多顾客并提高转化率。以下是一些具体的策略和实践方法：

（1）统一会员体系。确保线上线下的会员信息实现同步，让消费者无论在哪里购物都能享受到相同的权益。这样的体系有助于品牌全面了解顾客行为，从而为精准引流提供数据支持。

（2）线上预约与线下体验。通过官方网站或社交媒体平台提供在线预约服务，让顾客可以在指定时间到店试穿或试用产品。同时，举办线下体验活动，如新品发布会、限时快闪店等，吸引顾客到场参与。

（3）物流与配送的高效协同。采用O2O模式，即线上下单，线下取货或送货上门，为顾客提供多种选择，以满足他们的不同需求，并提升他们购物的便利性。另外，采用智能仓储系统，以确保快速响应客户需求，缩短物流时间，提高顾客满意度，进而吸引更多顾客选择品牌。

线上线下融合不仅是商业模式的变革，更是思维方式的转变。它要求我们打破传统的界限，以用户为中心，构建一个无缝对接的购物体验。只有这样，才能真正实现流量网络的全面覆盖。

通过构建这样的流量网络，企业不仅能够拓宽用户渠道，提升品牌影响力，还能够更深入地理解用户需求，并为用户提供个性化的服务体验，从而增强用户黏性，实现商业价值的最大化。

业务协同：实现流量互通与增值

在瞬息万变的商业环境中，我们仿佛置身于一场永无止境的抢跑比赛。各大企业如同蓄势待发的赛跑运动员，竞相通过集聚流量来突破重围。于是，问题来了：在这场激烈的比赛中，我们如何才能找到志同道合的伙伴，携手实现流量的互通与增值？方法有很多，但普遍适用且可以实现双赢、多赢的不多，其中"业务协同"是值得实践的策略之一。

我们可以把它理解为"大家一起搭个顺风车，省油又省事"。假设你开了一家蛋糕店，而你的合作伙伴开了一家咖啡馆。这时，你们可以合作推出一个"蛋糕咖啡套餐"，让顾客一边享受香浓咖啡，一边品尝美味蛋糕。由此可见，业务协同不仅仅是简单的合作，更是一种深度的资源整合与共享，它能够让不同企业之间的流量实现无缝对接，并共同创造出更大的价值。

什么是流量互通？简单来说，就是"你给我点流量，我给你点流量"，大家互惠互利，共同繁荣。就像两个人互相给对方点赞，互相评论，你中有我，我中有你。在流量互动中，流量像滚雪球一样越滚越大。

如今商场竞争激烈，想要在茫茫人海中脱颖而出，单打独斗已经很难了。流量互通，抱团取暖，互相借力，才能在竞争中立于不败之地。

如何通过业务协同，实现流量互通呢？常用的策略主要有以下五种：

1. 资源置换:突破流量边界

其核心思想在于互相交换资源,以达到双赢的目的。具体来说,就是当你发现对方平台拥有你的目标客户时,你可以提供一些有价值的资源,如优惠券、白皮书、免费课程等,以换取对方的流量。这种方式既能够降低自己的营销成本,又能够精准地触达目标客户,提高转化率。

例如,一个餐饮店老板和一个健身房老板,在分析了各自的客户群体和消费习惯后,决定进行流量互通的尝试。餐饮店老板在店内显眼位置提供了健身房的优惠信息,如"凭此券在健身房可享受首次免费体验"等,以吸引那些对健身有兴趣的餐饮顾客光顾健身房。同时,健身房老板也在健身房的门口和前台放置了餐饮店的优惠券,如"凭此券在餐饮店可享受满减优惠",以吸引健身房的用户在锻炼后前往餐饮店消费。

通过这种资源置换的方式,餐饮店和健身房都成功地吸引了对方的客户,实现了流量的互通与增值。餐饮店的顾客数量有所增加,而健身房也迎来了更多的新会员。双方不仅扩大了各自的客户群体,还都提高了品牌的曝光度和知名度,实现了真正的双赢。

2. 内容合作:共享彼此的受众群体

它的核心在于互相在对方平台上发布内容,如文章、视频、直播等,以达到互相推广的目的。通过这种方式,合作双方可以共享彼此的受众群体,并拓宽内容的传播渠道,从而吸引更多的流量和关注。

某旅行博主和某美食博主,在认识到彼此内容领域的互补性后,决定进行内容合作的尝试。旅行博主在自己的视频中专门推荐美食博主的特色菜品,展示菜品的制作过程和独特风味,同时提及美食博主的名字和平台账号,以引导观众前往关注。相应地,美食博主也在自己的文章中推荐旅行博主的旅游路线，分享旅行中的趣事和风景，同时也提及了旅行博主的名字和平台账号，并鼓励读者前往了解。

通过这种内容合作的方式，旅行博主和美食博主都成功地吸引了对方的受众群体，实现了流量的互通与共同增值。

3. 活动联动：开启双赢之旅

双方共同策划并举办一些具有吸引力的活动，通过互相宣传和共同引流，可以达到双赢的效果。这种策略的核心在于利用活动的吸引力和互动性，激发受众的兴趣和参与意愿，从而实现流量的有效转化和增值。

例如，有一家服装店，其顾客中有很大一部分是年轻女性，而隔壁化妆品店的顾客也主要是这部分人。于是，他们共同策划了一系列活动。服装店举办了一场抽奖活动，奖品是化妆品店提供的优惠券。化妆品店也举办了一场试用活动，试用产品有服装店的新品。通过这种联动的方式，服装店和化妆品店成功实现了流量的互通与增值。

4. 跨界合作：共享流量红利

跨界合作之所以能够有效实现业务协同，关键在于它能够打破单一品牌或企业的固有框架，引入更多元化的元素和视角。通过跨界合作，品牌或企业可以借助合作伙伴在不同领域的资源和优势，快速拓展自己的市场边界，触达更广泛的受众群体。

这种合作模式的核心在于，不同行业、不同领域的品牌或企业的合作能够打破传统界限。携手共进，通过资源共享、优势互补，来共同捕获新的市场机遇，并实现流量的互通与共享。

例如，一家在线教育平台与一家知名咖啡连锁品牌进行合作。用户在咖啡店消费时，可以通过扫描二维码获得在线教育平台的免费试听课程。

这样，咖啡店的流量就被引导到了在线教育平台上，而在线教育平台也通过这种方式获得新的用户。这种跨界合作，可以让双方的流量都得到有效的利用和增值。

5. 内部协同：实现流量内循环

一个平台可能包含多个业务模块，如新闻频道、社区频道、电商频道等，如何让这些模块之间的流量互通，形成内部流量循环，是提升整体用户活跃度和留存率的重要课题。

要实现内部协同，平台需要构建一套完善的内部流量互通机制。这包括优化用户导航路径，确保用户能够方便地在不同业务模块之间跳转；打造跨模块的互动功能，鼓励用户在不同模块之间进行互动和参与；以及建立数据分析体系，跟踪和分析内部流量的流动情况，以便及时调整策略和优化协同效果。

流量互通和增值其实就像是把两只小船并在一起，让它们不再孤独，而是携手前行。这种合作不仅能有效提升品牌曝光率，更能增强客户黏性。从这个意义上说，流量互通不是简单的"互相点赞"加好评，而是要真正地追求"双赢"！

平台联动：流量共享，孤岛变蓝海

在互联互通的时代，当你孤零零地在某个角落折腾时，任凭你有多大的本事，都如同在茫茫大海中的孤岛上求生，难以掀起波澜。很多人因此感叹:"我已经够努力了,不停地发文、推广,怎么流量就是上不去?"

原因很简单,你在信息的孤岛上,与外界缺乏有效的连接和共享,因此你的努力也往往只能局限于自己的小圈子,难以触及更广泛的受众。若想从孤岛走出来,就一定要学会借助其他平台的力量,即通过平台联动,来引入流量。

所谓平台联动,简而言之,就是多个平台之间的深度协作与资源共享,它如同一座无形的桥梁,将原本分散孤立的个体紧密连接起来,共同构建起一个更加广阔、多元且充满活力的生态系统。正如海洋中的孤岛,每一座孤岛周围都孕育着独特的鱼群,而当这些鱼群跨越孤岛,形成更大规模的鱼群时,它们的力量和影响便得到了前所未有的放大。

平台联动的魅力,在于它能够打破界限,让不同平台上的优质内容、资源和服务得以自由流动,相互赋能。

滴滴和美团,一个是出行领域的巨头,一个是生活服务领域的佼佼者。这看似没有交集的两个平台,却通过联动创造了奇迹。滴滴在 App 内嵌入了美团的外卖服务入口,让用户在使用滴滴打车的同时也能方便地订购外卖。这种跨界的联动不仅提升了滴滴的用户体验,也为美团带来了大量的新用户。这种合作不仅为用户提供了更加便捷的服务体验,也极大地提升了两个平台的用户活跃度和黏性。

在实践操作中,该如何进行这种"流量共享"呢?可以遵循以下几个实操步骤:

1. 找准合作伙伴

在寻找合作伙伴时,要明确三点:

首先,需要清晰地了解自己的品牌定位、核心价值以及目标受众的特点。这一点至关重要,因为只有深入了解自己的品牌和受众,才能找到真正适合的合作伙伴。

其次,选择与你目标受众相似但不直接与你竞争的品牌或个人。例如,如果你是一名咖啡师,找一位糕点师或者调酒师合作就是非常合适的。这种互补性不仅能够扩大品牌的影响力,还能够让双方的顾客群体相互交叉,从而吸引更多的潜在客户。

最后,价值观要匹配。要确保合作伙伴的价值观与你的品牌相契合,这样才能在合作中保持一致的品牌形象。价值观的一致性能够确保合作项目更加顺畅,也更容易得到目标受众的认可和支持。

2. 制订联动计划

一旦找到了合适的合作伙伴,下一步就是制订一个详尽的联动计划。以下是制订联动计划的一些关键要素:

首先,做好内容共创。双方共同创作内容,如联合发布专题文章、视频等,增加内容的多样性和吸引力。

其次,进行活动联合。共同举办线上或线下活动,如联合促销、互动挑战等,以吸引更多用户的参与。

最后,互相开放资源,如优惠券、会员权益等,来为用户提供更多价值。

3. 技术对接与数据整合

在制订了联动计划之后,要确保双方平台在技术层面上实现无缝对接,即实现用户数据的流通和共享,同时,要建立完善的数据监测和分析体系,来实时跟踪流量的流动和转化情况,以便及时调整策略。

例如,通过 API 接口实现用户登录状态的共享,用户在一个平台上登录后,无须再次登录即可访问另一个平台;定义统一的数据标准和格式,以确保数据的可比性和一致性;利用第三方数据分析工具,如 Google Analytics 或友盟+等,对联动效果进行评估,包括评估流量来源、用户行为等关键指标;等等。

4. 执行与优化

制定了详细的联动计划和技术对接方案后,接下来就是执行阶段。在执行过程中,要密切关注用户反馈,及时解决出现的问题。同时,根据数据分析的结果,对合作策略进行优化,提高流量共享的效果。

例如,确保所有活动按计划推进,包括内容发布、活动筹备等;如果某个平台的用户活跃度不高,可以增加互动环节或提供更多的激励措施,如抽奖、优惠券等;根据用户反馈和数据分析,调整内容策略,如增加用户感兴趣的专题内容,或减少反响不佳的部分;等等。

平台联动,不仅是流量共享,更是一种资源整合、优势互补。通过平台联动策略,企业能够打破平台间的壁垒,实现流量共享和资源互补,从而将一个个孤立的流量池转变为广阔的蓝海市场。

合作与联盟:全景式流量捕获

流量是稀缺资源。当一个品牌或企业试图独自吸引大量的用户时,可能会遇到各种困难。但是,当多个平台通过"1+1>2"的方式合作或联盟,不但可以实现资源的最优组合,而且还能实现流量的叠加。可谓一举多得。

当Netflix与迪士尼宣布合作时，整个娱乐行业都在震动。Netflix在其平台上提供迪士尼的经典影片，吸引了一大批怀旧的消费者，这些消费者渴望重温他们童年时代的经典电影。而对于迪士尼来说，这次合作意味着能够接触到更多年轻观众，尤其是那些还没有机会在电影院或通过传统渠道观看这些电影的新一代观众。通过这次合作，双方不仅实现了流量的互补，还进一步巩固了彼此在娱乐行业的地位。可以说，Netflix和迪士尼的合作堪称流量界的"金童玉女"。

合作与联盟不是简单的资源共享，它要求各方都以更开放的心态、更长远的眼光去看待竞争与合作的关系。在这个充满变数的时代里，只有懂得合作与联盟的人，才能真正捕捉到全景式的流量。

对于企业来说，在通过合作与联盟来捕获全景流量时，要把握好以下几点：

1. 寻找互补伙伴，共创流量盛宴

要实现全景式的流量捕获，首先需要找到与自己互补的伙伴。就像拼图一样，每一块拼图都有其独特的形状和颜色，但当它们组合在一起时，就能形成一幅美丽的画面。在引流的世界里也是如此。我们需要找到那些与自己业务互补、能够共同创造价值的伙伴，然后通过合作，将彼此的流量引入对方的平台，实现共赢。

例如，一个教育培训机构可以与一个知名的教育博主进行合作。教育博主提供优质的教育内容吸引用户，而教育培训机构则提供系统化的课程和学习工具。这样一来，教育博主的粉丝很自然地就会被引导到相应的教育平台上，从而实现流量的共享和增值。

2. 建立信任机制，保障合作共赢

合作与联盟的成功关键在于信任。在平台联动的过程中，企业之间需要建立透明的合作机制来保证双方利益的最大化，并确保合作的良性发展。例如，正式签订合作协议，明确双方的权利与义务，包括收益分配、责任划分等；建立监督和评估机制，定期审查合作进展，以确保合作的顺利进行；保持开放的沟通渠道，确保双方能够及时解决合作过程中出现的问题；双方都应坚持诚信经营的原则，遵守承诺，避免出现损害对方利益的行为；等等。

3. 共同制定标准，提升合作效率

为了确保平台联动能够顺利进行并取得预期的效果，企业相互之间需要制定共同的合作标准和规则。这些标准和规则能够帮助各方明确合作的框架，提高合作效率，避免合作过程中的矛盾和冲突。例如，明确数据共享的范围、频率和方式，确保双方都能够及时获取必要的信息，以便做出快速反应；制定信息传递的规范，包括紧急情况下的沟通方式、日常运营中的信息通报机制等，以确保信息被准确无误的传递；共同商定利益分配的比例和计算方法，确保双方的利益得到公平合理的保障；预先设定可能出现的争议解决办法，如调解、仲裁等，以备不时之需。

4. 打造联盟生态，共享流量红利

这就像在一条繁华的商业街区，各种商铺、餐厅、娱乐场所等相互依存、相互促进，共同构成了一个繁荣的商业生态。在数字世界里，也可以通过打造类似的联盟生态，让不同的平台、企业相互连接、相互支持，分享流量的红利。

例如，一个电商平台可以与多个品牌商、物流公司、支付平台等结成联盟。用户在这个电商平台上购物时，可以享受到品牌商的优质产品、物流公司的快速配送、支付平台的便捷支付等全方位服务。这样一来，不仅提升了用户的购物体验，也让联盟中的每一位成员都能分享到流量的红利。

合作与联盟，作为现代商业战略的核心组成部分，其本质在于通过资源共享、优势互补，来实现全景式流量捕获。这不仅是一种战术上的协同，更是一种战略上的深度融合，旨在打破单一实体的局限性，共同构建一个更加宽广、高效的价值网络。

数据整合：助力全链路流量高效整合

在当今这个由数据编织而成的世界里，每一条信息都可能蕴含着不菲的价值。然而，如何从海量的数据中提炼出真正的洞察，是非常考验企业的数据整合能力的。

数据整合，就像是炼金术士手中的坩埚，将来自四面八方的原始材料熔炼成一块坚固且有价值的合金。通过这一过程，企业不仅能够构建起一个全面的数据视图，还能确保营销策略的每个环节都能得到最精准的信息支持，从而实现从潜在访客到忠实客户的高效转化。

例如，一家电商企业拥有网站、App、社交媒体等多个渠道的数据。通过数据整合，发现用户在网站上浏览了某类商品，在App上却没有完成购买。这一洞察可以帮助企业优化App的用户体验，并推送相关的促销信息,从而促进购买转化。

在现实中,面对来自社交媒体、客户关系管理(CRM)系统、在线广告平台等多渠道的数据洪流,如何才能有效地筛选、融合并利用这些宝贵资源呢?关键要把握好以下几个环节:

1. 数据治理:奠定坚实基础

数据治理是整个数据整合流程中的基石,关乎数据的质量、可靠性和合规性。没有良好的数据治理框架,数据整合就无法达到预期的效果。因此,企业需要制定一套明确的数据标准和规范,包括但不限于数据分类、编码规则、元数据管理等,来确保所有数据都遵循相同的规则和格式。

此外,数据质量控制体系也是不可或缺的一部分,它旨在保证数据的准确性、一致性和完整性。这个体系中通常涉及数据清洗、去重、校验等一系列操作。只有高质量的数据才能产生有意义的洞察,进而转化为有效的行动方案。

2. 数据整合:打破数据孤岛

数据整合的目标是消除信息孤岛,将分散在各个角落的数据汇聚起来。企业往往面临数据存储在多个独立系统中的挑战,如CRM、ERP、CMS、营销自动化工具等。这些系统的数据如果不加以整合,就难以发挥包含各独立系统中的真正潜力。

为此,企业需要建立一个中心化的数据仓库或数据湖,来将各种来源的数据进行统一管理和处理。在这个过程中,可能还需要采用数据映射、ETL(提取、转换、加载)等技术手段,来确保数据在传输过程中的一致性和可用性。

3. 数据分析：挖掘潜在价值

数据分析是数据整合过程中的核心环节，其目的是从海量数据中提炼出有价值的信息。这不仅涉及基本的数据统计和报告，还可能包括更高级的技术，如机器学习、预测分析等。通过对整合后的数据进行深入分析，企业可以发现隐藏在数据中的模式、趋势和相关性，这些洞察对于指导战略决策至关重要。

例如，通过分析用户的购买历史和浏览记录，可以预测未来的消费倾向；通过对营销活动效果的数据评估，可以优化营销策略，提高投资回报率。借助先进的分析工具和技术，企业能够更快地获取洞察未来的消费倾向，并将其转化为竞争优势。

4. 数据应用：驱动业务增长

数据应用是整个数据整合流程的最终目的。将分析结果转化为实际的业务行动，是推动企业增长的关键所在。基于数据分析得出的结果，企业可以作出更为精准的决策，例如，优化产品设计以更好地满足客户需求、提升营销活动的针对性和效果、改善客户服务体验等。又如，通过对市场趋势的准确把握，可以迅速推出符合市场需求的新产品或服务。

综上所述，数据整合不仅是连接各个数据孤岛的过程，更是将数据转化为企业竞争优势的重要途径。通过有效的数据治理、整合、分析和应用，企业就能够在激烈的市场竞争中脱颖而出，并实现全链路流量的高效转化，同时促进可持续的增长和发展。

第五章
优化"留量":挖掘用户价值,
　　　不断精耕流量池

获取新用户固然重要,但留住已有用户并挖掘其潜在价值同样重要。随着获客成本的不断攀升,优化"留量"即提高用户留存率和活跃度,已经成为提升企业核心竞争力的关键。

通过"留量"变化,及时洞察客情

世界在不断变化,商业逻辑也在不断演进。过去,我们经常谈论"互联网思维",而当大多数人还在琢磨如何通过不断引流来获取新客户时,一些前瞻者已经悄然转向了"留量思维"。这种思维模式的转变,看似只是策略上的调整,但其实它意味着一种商业模式的根本性变革。

"流量"思维强调的是如何吸引尽可能多的新用户。这是一种"广撒网"的方法,重点在于扩大用户基础。然而,随着互联网红利的逐渐消失,单纯依赖流量增长的模式遇到了瓶颈。

"留量"思维,则更注重于维护现有用户群的价值,强调深度挖掘每一位用户的潜力。换句话说,过去我们追求的是将一款产品推销给1000个人,而现在则是致力于为同一位客户提供1000种可能的服务或商品。

其中,"留量"的变化,指在一定时间内,客户的购买量、交易金额或使用服务的频次发生的变化。这种变化反映了客户对产品或服务的使用情况和意向,进而影响企业的销售额和市场份额。

某家零售商通过分析客户的购物记录,发现某位VIP客户的购物金额在最近三次购买中逐渐下降。企业通过调查发现,该客户感叹店内商品品种单一且商品促销力度不足。基于此反馈信息,零售商调整了商品采购策略和促销方案,并优化了会员积分制度。结果,该VIP客户的购物金额立即恢复了增长,该客户还通过社交媒体为商店做了宣传,吸引来了新的顾客。

在"留量"思维的视角下,企业不再仅仅满足于用户的初次购买,而是致力于同客户建立长期关系,并通过提供更加个性化的体验和服务,来增加用户的复购率和忠诚度。因此,这种方式不仅能降低获客成本,还能显著提高用户的生命周期价值(CLV)与企业竞争力。

在具体操作中,企业该如何运用"留量"思维来及时洞察客情呢?

1. 客户分层管理

客户的购买行为和交易记录蕴含着丰富的信息,企业可以通过对这些数据进行深度分析,将客户细分为不同的层级。例如,根据他们的消费金额可分为高价值客户、中等价值客户和低价值客户;依据他们的购买频率,可分为高频购买者、中频购买者和低频购买者。

针对不同层级的客户,企业要制订出相匹配的服务和营销策略。对于高价值且高频购买的客户,可以为其提供专属的贵宾服务,如优先配送、定制化礼品等;对中等价值的中频购买者,可以给予一定的折扣优惠或会员积分奖励;对于低价值和低频购买的客户,可以通过发送新品推荐、促销活动等信息来激发其购买欲望。

2. 定期客户回访

企业可以通过电话、邮件、信函等多种渠道,按照一定的周期与客户进行沟通。电话回访能够直接倾听客户的声音,及时了解他们的满意度和遇到的问题;邮件可以详细介绍新的产品和服务,同时收集客户的反馈;信函则能给客户一种正式和贴心的感受。在回访过程中,不仅要询问客户对产品或服务的满意度,还要深入了解他们需求的变化。例如,一家餐饮企业每月通过电话回访，询问顾客对菜品口味、服务质量的评价，并会根据情况反馈及时调整菜单和优化服务流程。

3. 数据分析

通过分析客户的浏览记录、购买路径、停留时间等数据，来洞察客户的潜在需求和意向。例如，通过分析发现客户在某一类商品页面停留时间较长但未购买，可能意味着他们对这类商品有兴趣但存在某些顾虑，企业可以有针对性地推送相关的产品介绍和优惠信息，促进购买。一家在线教育平台利用数据分析发现，很多用户在观看某个课程的试听课之后没有继续购买，进一步分析发现是课程难度设置不合理，于是对课程进行了优化，从而提高了转化率。

4. 优化服务和产品

客户的反馈信息和需求变化是企业优化服务和产品的重要依据。企业需要建立一个有效的反馈收集机制，来收集客户的意见和建议。无论是正面的评价还是负面的投诉，都要认真对待。之后基于这些反馈，及时调整和优化服务质量、产品特性和营销策略。例如，一家手机制造企业根据用户对手机拍照功能的反馈，加大了在相机技术研发上的投入，推出了具有更高像素和更多拍摄模式的新款手机，满足了用户对拍照的需求，从而增强了客户的忠诚度。

总之，企业要充分运用"留量"思维，通过对客户分层管理、定期回访、数据分析以及优化服务和产品等手段，不但可以及时洞察客情，提前发现潜在的问题，还可以增强客户的满意度和忠诚度。

第五章　优化"留量"：挖掘用户价值，不断精耕流量池

搭建完整的私域链路

公域引流犹如海纳百川，聚拢流量；私域流量则是精耕细作，培育转化。这两种策略并非孤立存在，而是相互补充、环环相扣，为构建起一套完整的流量运营体系作出各自的贡献。

在公域引流的战场上，企业和品牌需要具备敏锐的市场洞察力，善于捕捉热点和趋势，并能以优质且独特的内容吸引大众的目光。例如，完美日记在小红书、抖音等社交媒体平台上，通过美妆博主的精美试色和妆容教程，吸引了大量年轻消费者的关注，成功地从公域中引到了海量的流量。

然而，仅仅将流量引入是远远不够的。私域留量的环节就像是精心照料一片花园，需要耐心、细心和用心。在私域中，企业要与用户建立起亲密的关系，深入了解他们的需求和偏好，并为他们提供专属的服务和价值。

私域流量，主要指个人或企业拥有完全支配权的账号所积累的粉丝、客户或流量，它是一种可以直接触达、多次利用的资源。例如，我们在熟悉的贴吧、微信社群所积累的粉丝或顾客，这些都是私域流量的典型例子。

与获取公域流量相比，想要在私域中"留量"相对较为困难，因为它

依赖于前期在公域流量平台上的运营情况。而一旦建立了私域流量池，它的用户黏性通常更高，因为这些用户往往是经过筛选和培养的精准用户，更容易接受针对性的推广活动。此外，私域流量的稳定性也较高，因为它是免费的，无须持续投入广告费用来维持。

如果说公域流量像是租房，那么私域流量则更像是自己购房。租房虽然灵活方便，但租金会随着市场波动而变化，且房东也有权收回房屋；而购房则意味着拥有了稳定的居所，可以自由装修布置，享受长期的居住权益。

来看一个在私域"留量"的例子：

某服装品牌在抖音上发布了一则短视频广告，广告内容为"新品发布，限时折扣"。这则广告的播放量和互动量都非常高，但是，这个品牌发现，那些互动过的用户，并没有真正地转化为私域流量。后来，品牌意识到，自己需要提供一个完整的私域链路，从而满足用户的所有需求，包括内容、服务、售后支持等。

当然，构建私域流量并不能一蹴而就，而是需要耐心和策略。其中，最关键的一点，就是构建一条完整高效的私域链路。其涉及的主要步骤有以下三个：

1. 私域链路搭建

搭建私域链路的首要任务是通过有效的私域入口，巧妙地引导用户进入私域链路。例如，在抖音这个备受瞩目的平台上发布引人注目的新品发布短视频，在视频内容中自然且巧妙地融入私域链路入口，像是清晰醒目的微信公众号二维码或者便捷的App链接。这样一来，就能够让那些对私域内容感兴趣的用户轻松地找到进入私域的通道，从而开启更加深入和个性化的体验之旅。

2. 私域链路优化

私域链路的持续优化至关重要，要确保链路的每个环节都能够精准地提供用户所期望的服务或体验。例如，在微信公众号上设立专门的售后支持模块，并配备专业的客服人员，来为用户提供及时、准确和贴心的售后服务；或者在 App 上精心推出具有吸引力的会员服务，为会员提供独家的优惠、特权和个性化的推荐，以提升用户的尊贵感和满意度。

3. 私域链路精细化管理

通过深入的数据分析和用户真诚的反馈，不断对私域链路进行精细化管理，以确保链路的每个环节都能切实满足用户的需求。例如，定期收集和分析用户的行为数据，了解他们在私域链路中的操作习惯、停留时间、点击热点等，由此来发现潜在的问题和优化的方向。同时，积极倾听用户的反馈意见，无论是通过在线调查问卷、客服交流还是用户评论，都能够获取到宝贵的信息。之后，基于这些反馈，迅速且精准地对私域链路进行优化调整，以确保用户的每一个需求都能够得到及时且有效的响应。

总之，构建私域流量需要全方位、多层次地关注私域链路的搭建、优化和精细化管理，只有这样，才能真正打造出一个满足用户需求、提升用户体验、增强用户黏性的私域生态。

利用会员制度锁定准客户

在市场竞争中，企业都在竭力寻找留住客户、提升客户忠诚度的有效方法。通过会员制度锁定准客户，已成为众多企业青睐的策略，这背后体现的就是一种"留量"思维。

会员制度不仅仅是一种简单的优惠方式，更是一种深度的客户关系管理工具。它如同一张无形的网，能精准地捕捉那些具有潜力和价值的准客户，并将他们紧紧锁定在企业的服务范围内。

通过精心设计的会员权益和个性化服务，企业能够深入了解准客户的需求和偏好，并为他们提供与众不同的体验。这种专属感和特殊待遇会让准客户感受到被重视和珍视，从而增强他们对企业的认同感和归属感。

概括来说，会员制度的优势主要体现在以下几个方面：

首先，可以提升客户黏性，增强客户忠诚度。会员制度能够为客户提供专属的优惠和服务，从而使其感受到企业对他们的重视和关怀，进而提升客户黏性，增强客户忠诚度。

其次，可以收集客户数据，精准营销。通过会员注册和消费记录，企业能够收集到大量的客户数据，如年龄、性别、消费习惯、兴趣爱好等，这可以为企业进行精准营销提供数据支撑。

最后，可以降低营销成本，提升营销效率。与传统的营销方式相比，会员营销能够有效降低营销成本，提升营销效率。例如，通过会员短信、微信群等渠道进行活动推广，比传统广告更具针对性和有效性。

另外，提升品牌形象，树立行业标杆。建立完善的会员制度，能够提升企业品牌形象，增强客户对企业的信任度，并树立行业标杆，从而吸引更多优质客户。

例如，一家知名的电商平台推出了多层次的会员制度，为高级会员提供优先配送、专属客服和独家折扣等特权。这些会员在享受特殊待遇的同时，也更愿意频繁地在该平台消费，成为该平台的忠实客户。

在实操中，如何从"留量"思维的视角巧妙运用不同的会员制度，实现准客户的锁定和业务的持续增长呢？可以参考以下两种常见的会员制度及实践案例：

1. 等级制会员制度

以客户的消费金额或消费频次为基础，将会员细致地分为不同的等级，并为各个等级的会员精心提供差异化的福利和专属服务。这种等级制的设计旨在激发客户的消费积极性，提升他们在消费过程中的成就感和尊贵感。

星巴克的星享卡会员制度就是典型的等级制会员制度。会员的消费金额会被精确地转化为星点积累，随着星点数量的增加，会员等级会逐步提升，进而能够畅享更为丰富和诱人的福利。从提供免费饮品的馈赠，到得到专属生日优惠券的惊喜，每一项福利都恰到好处地迎合了会员的需求，不仅极大地鼓励了客户持续消费，更在潜移默化中提升了客户忠诚度，并为企业创造了更为可观的利润。

2.积分制会员制度

客户在每一次消费时都能稳定地获得相应积分,而这些积分如同宝贵的财富,可用于自由兑换心仪的商品或贴心的服务。

屈臣氏的积分换购制度就是一个极具代表性的例子。会员在屈臣氏每一次购买商品的行为都会被记录并转化为积分,这些积分能够灵活地用于兑换丰富多样的商品、实用的优惠券以及会员专属的精美礼品等。这一制度有效地提高了客户的参与热情和消费频率,使客户在享受购物乐趣的同时,也收获了实实在在的回报。

不论是等级制会员制度,还是积分制会员制度,每一种制度都有其独特的优势和适用场景。通过精心设计和不断优化这些会员制度,企业不仅能够锁定准客户,还能通过不同的激励措施提高客户的忠诚度和参与度。

重启与沉默客户的"对话"

企业不仅要吸引新客户,更要关注那些曾经活跃,却又逐渐陷入沉默的老客户。这些沉默客户,并非是指那些"不满意"的客户,而是指那些曾经积极参与互动,却因各种原因不再光顾的客户。他们可能已经找到了新的产品或服务替代,也可能对现有的产品或服务感到满意但没有额外需求,还可能因为某些原因对企业产生了负面情绪,故而选择保持沉默。

某电商平台注意到一部分客户逐渐减少了在平台上的活动。为了重新激活这些沉默客户，提高用户活跃度和销售额，该电商平台设计了一套名为"重燃热情"的活动方案。

方案如下：

首先，通过数据分析，发现沉默客户主要是因为对平台的新品信息缺乏了解和对平台的促销活动缺乏兴趣。

其次，针对不同类型的沉默客户，发送个性化的产品推荐信息。例如，针对购买过运动服饰的客户，推荐平台最新款的运动鞋；针对购买过电子产品的客户，推荐平台最新款的数码相机。

再次，为沉默客户提供专属的优惠券，例如"老用户回归优惠""生日特惠"等。

最后，设计一系列互动游戏，例如"幸运大转盘""猜猜我是谁"等，来吸引沉默客户参与活动，提升互动率。

结果，该活动方案取得了显著成效，有效唤醒了大量沉默客户，从而提高了用户活跃度和销售额。

对于企业来说，重新激活沉默客户，不仅能够提升用户活跃度，还能降低获客成本，增加用户的生命周期价值，并为企业带来更多的商业机会和利润空间。当然，要实现这一目标并非易事，需要企业深入了解沉默客户的特点和需求，并以此采取针对性的策略和方法。

1. 个性化沟通

个性化沟通意味着需要深入了解每位沉默客户的独特需求和偏好。例如，通过大数据分析发现某位客户曾经热衷于购买时尚服装，那么就可以向其发送最新的时尚潮流资讯以及相关款式的推荐。或者对于购买过某款电子产品但在使用过程中遇到问题的客户，主动发送详细的产品使用教程和解决方案。通过这种精准的个性化服务，能够让沉默客户感受到企业对他们的关注和重视，从而增加他们重新活跃的可能性。

2. 限时优惠

优惠内容可以根据客户的消费习惯和喜好进行设计。例如，为购买过高价产品的客户提供折扣，为购买过特定产品的客户提供专属优惠，等等。以一家电商平台为例，该电商平台对于那些购买过高端家电的沉默客户推出了限时的大额满减券；对于曾经频繁购买零食的客户，提供了特定品牌零食买一送一的优惠券。这些有针对性的限时优惠，有效地激发了沉默客户的购买欲望。

3. 会员积分

设立会员积分制度，鼓励沉默客户重新参与互动。例如，每消费一定金额即可获得相应积分，积分累积到一定程度可以兑换热门电子产品、旅游套餐或者独家定制的礼品。此外，还可以设置积分抽奖活动，来增加趣味性和惊喜感，从而进一步激发客户的参与热情。

4. 精细化运营

针对客户不同的沉默原因，进行精细化的运营管理。例如，针对因需求改变而沉默的客户，可以开发新的产品或服务来满足他们的需求；针对因价格因素而沉默的客户，可以提供更加优惠的促销活动；针对因负面体验而沉默的客户，可以进行真诚的道歉和补偿，并改进服务流程。

重新激活沉默客户是企业提升用户活跃度、增加收益的重要手段。通过个性化沟通、限时优惠、会员积分以及精细化运营等方法的综合运用，可以让企业深入挖掘沉默客户的潜力，并唤醒他们的消费热情，从而实现用户活跃度的提升和业务的持续增长。同时，企业在实施这些策略的过程中，要不断地根据客户的反馈和市场的变化进行调整和优化，以确保策略的有效性和可持续性。

精耕细作，增加老用户黏性

在移动互联网领域，有这样一种说法："万物皆工具。"每一款 App 都如同一款工具，涵盖了娱乐、聊天、安全等各类领域。用户与 App 的交互体验，本质上是为了解决用户的某个特定问题。然而，每一款 App 的价值真的仅仅局限于解决某一个或某一类问题吗？当然不是。

由于每一款 App 在其生命周期的起始阶段，都是专注于只解决某些具体问题，所以它们往往只在特定场景下才会被使用，一旦脱离这个场景，App 要么很少被使用，要么干脆被删除。鉴于此，如果期望某个 App 在商业价值方面实现突破，首要的问题就是如何来提升用户黏性和留存率。

同样的道理，在竞争激烈的市场中，企业不仅要吸引新用户，更要重视增加老用户的黏性，并将他们转化为品牌的忠实拥护者。

什么是用户黏性？它是指用户对某一产品或服务的依赖程度和参与程度，反映了用户在一段时间内持续使用、关注和参与某个产品或服务的频率、时长和深度。具体表现为用户重复使用产品或服务的倾向、对产品或服务的投入程度（如时间、精力、金钱等）以及用户在离开该产品或服务时的难易程度。

高用户黏性意味着用户对产品或服务具有较高的忠诚度和依赖感，愿意频繁参与和使用，并且不容易被其他竞品吸引而转移。相反，低用户黏性则表示用户对产品或服务的兴趣不高，使用频率低，容易流失。

例如，一个用户每天都会花费大量时间在某个社交媒体平台上浏览内容、与朋友互动，并且难以割舍该平台，这就表明该用户对这个社交媒体平台具有较高的黏性。

下面来看一个实例：某健身 App 是如何通过精耕细作来增加老用户的黏性的。

起初，该公司通过问卷调查、一对一访谈等方式收集了老用户的意见和建议。随后，公司建立用户社群，鼓励用户分享经验和成果，以增强用户间的互动和支持。同时推出会员制度，为老用户提供额外的福利，如专属教练咨询、优先体验新功能等。除此之外，还不定期组织会员线上线下的健身挑战赛、健康讲座等活动，以增加用户的参与感。经过优化后，该平台的老用户留存率提升了 20%，用户平均每日学习时长增加了 30%。

老用户是企业的宝贵资产，他们对品牌有一定的认知和信任。然而，要让他们始终保持忠诚和活跃，并非易事。这需要企业如同精心照料一片肥沃的土地一样，用心投入、细致入微地进行耕耘。

1. 深入了解用户

企业需要通过多维度的数据分析和深入的用户调研来全面洞察用户的需求和痛点。不仅要分析用户的购买历史、浏览记录等数据，还要通过定期的问卷调查、用户访谈等方式直接了解用户的需求和意见。

比如，电商企业可以通过分析用户的购买历史和浏览记录，来了解他们对不同品类、品牌和价格段商品的喜好，同时通过与用户的面对面交流，挖掘他们在购物过程中遇到的诸如物流速度、商品质量、售后服务等方面的问题和期望。

2. 强化情感连接

优质的客户服务和丰富多彩的互动活动是加深用户与品牌之间情感联系的有力手段。客户服务团队应具备专业的知识和热情的态度，要能够及时、有效地解决用户的问题和投诉，从而让用户感受到被尊重和关心。同时，企业可以举办各类线上线下的互动活动，如会员专属的聚会、主题讲座、亲子活动等，为用户提供交流和分享的平台，从而增强用户对品牌的归属感。

3. 持续创新：不断更新产品和服务，满足用户变化的需求

企业必须不断更新产品和服务，以满足用户不断变化的需求。为此，要多关注本行业的动态和技术发展趋势，积极引入新的理念和技术，对产品进行升级换代。例如，科技公司需要不断研发新的产品功能和特性，来提升产品的性能和用户体验；餐饮企业要根据季节和流行趋势，不断推出新的菜品和套餐。只有持续创新，才能让企业保持对用户的吸引力，并让用户始终对品牌充满期待。

4. 激励机制：设置合理的激励机制，鼓励用户积极参与和分享

激励机制可以包括积分系统、会员等级晋升、推荐奖励、抽奖活动等。例如，某培训机构为用户设置了学习积分，这种积分可以兑换课程优惠券、学习资料或者实物礼品；一家有社交属性的电商平台为用户提供了推荐新用户注册得奖励的活动，奖励有现金红包、购物折扣等。通过这些激励措施，可以鼓励用户积极参与平台的活动，分享自己的使用体验，从而带动更多的用户参与进来。

综上所述，企业不仅要关注新用户的获取，更要重视老用户的维护，

深化与他们的关系。通过深入了解用户、强化情感连接、持续创新以及设置激励机制，企业能够增强老用户的忠诚度与满意度，从而促进口碑传播与复购行为，进而为企业的长期稳定发展奠定坚实基础。

召回流失用户的八大招式

在商业领域，用户流失是一种普遍现象，因此如何将流失用户重新拉回，成了众多企业面临的一大难题。相关研究表明，挽留老用户远比吸引新用户更经济、高效。这是由于老用户对品牌已经具备了一定程度的认知和熟悉度，他们在以往的使用或消费过程中积累了对品牌的体验和感受。相比新用户，老用户拥有更强的品牌忠诚度，更容易接受并进行二次转化。

所以，重新激活老用户不仅意味着能够节省在市场推广和客户获取方面的大量投入，还能够凭借老用户的口碑传播和再次消费，为企业带来更为稳定和可持续的收益增长。

如何召回流失的老用户呢？用户群体不同，使用的方法也不相同。以下是一些可行的方法：

1. 推送个性化信息

根据用户画像，推送个性化的产品推荐、活动信息等。例如，可以针对购买过母婴用品的用户，推送宝宝辅食优惠信息；可以针对喜欢阅读的用户，推送新书上架提醒等。某电商平台通过分析用户购买记录，发现一位用户购买过宠物用品，便在用户流失后，向其推送了宠物用品折扣信息，最终成功将其召回。

2.情感连接，重燃旧梦

记得那些曾经频繁光顾你的应用或网站，却悄然离去的用户吗？他们可能只需要一点温暖的记忆就能被唤醒。请赶快给他们发送一个邮件或消息，用"我们想你了"开场，之后附上他们曾互动的内容回顾，如浏览过的产品或服务。

3.优惠诱惑，价值召唤

谁不喜欢惊喜的折扣和专属优惠呢？对于流失用户来说，一次性的特别优惠不仅能让他们感受到被重视的感觉，还能激发出他们再次使用产品的兴趣。据统计，提供定制优惠券的用户回归率比常规邮件高出30%。

4.社交媒体互动

社交媒体是召回流失用户的重要渠道。可以在社交媒体上发布有趣的内容，来吸引用户的关注，并与他们进行互动。也可以鼓励用户在社交媒体上分享他们的使用体验，以吸引更多流失用户回归。例如，一家餐饮连锁品牌在社交媒体上发布了一系列美食制作教程，吸引了大量流失用户的关注。之后通过与这些用户的互动和分享，成功召回了一部分曾经流失的顾客。

5.反馈倾听，持续进化

用户的反馈是改进产品和召回流失用户的重要依据。企业应该积极收集和分析用户的反馈，以此及时改进产品和服务，并向用户传达这些改进的信息，让他们看到你对他们的重视和改变。

例如，某款手机游戏在用户流失后，积极收集和分析用户的反馈意见,对游戏进行了多次优化。他们通过社交媒体和邮件向流失用户传达了这些改进的信息,成功召回了一部分用户。

6. 定期回访,持续关怀

就像朋友间的问候,应定期向流失用户发送关怀信息,可以是节日祝福、行业资讯或是趣闻分享,以保持品牌与用户之间的温度。例如,一家在线教育平台每月向用户发送学习贴士,间接提醒用户回归学习,效果颇佳。

7. 故事讲述,品牌塑造

利用内容营销,讲述与品牌相关的故事或案例,传递品牌价值和文化,唤起用户的情感共鸣。一篇关于旅游平台如何帮助用户实现旅行梦想的故事,感动了众多流失用户,使他们再次考虑使用该平台规划行程。

8. 忠诚计划,长期绑定

设立积分系统或忠诚度奖励计划,以鼓励用户回归并持续使用产品。一旦用户看到自己过去的投入没有白费,就会很容易地让他们产生二次消费的动力。一个餐饮连锁企业通过积分兑换的方式,让流失用户重新成为常客。

召回流失用户并非一朝一夕之功,需要精心策划和持续努力。上述八个办法,有的注重感情联结,有的追求价值吸引,有的则侧重于社区构建和品牌塑造。不同的策略适用于不同的场景和用户群体,关键在于坚持尝试和优化,最终找到适合自身品牌和用户的黄金组合,并成功让老用户"回心转意"。

如何激活三大"休眠"用户群

很多企业的用户群体中都隐藏着一片未被充分挖掘的宝藏——那些曾经对你的产品或服务感兴趣却因各种原因暂时离开的"观望者";那些曾经购买过但久未再次光顾的"沉睡者";以及那些"潜藏"于暗处,静待时机的"潜伏者"。激活他们,就如同唤醒沉睡的巨人,将为企业带来意想不到的增长动力。

这些用户虽然暂时处于不活跃状态,但他们包含着巨大的潜力,一旦被激活,便能成为企业忠实的支持者。如何激活这三大"休眠"用户群呢?

1. 对于观望用户:要用信任感化他们

这类用户关注品牌,浏览产品信息,但迟迟没有进行购买,是因为他们通常对产品价格、功能、质量等方面存在疑虑,这时就需要更多信息和信任感来促使他们转化。

在激活这类用户时,可采用以下方法:

(1)提供更多信息,打消疑虑。利用产品演示视频、用户评价、权威认证等方式,展示产品的优势和价值,消除用户的疑虑,建立信任感。

(2)提供限时优惠,刺激购买。利用限时折扣、满减优惠等活动,降低购买门槛,提高用户购买意愿。

(3)设置引导机制,推动转化。使用产品试用、优惠券领取等引导机制,鼓励用户进行尝试,并最终完成购买。

2. 对于沉睡用户：要重新提振他们的兴趣

这类用户曾经活跃，有过购买行为，但近期不再使用产品或服务。他们可能是因为产品更新迭代跟不上需求，或体验下降，或缺乏新鲜感，导致兴趣下降。

可以采用下述措施激活该类用户：

（1）产品升级迭代，满足需求。根据用户反馈和市场趋势，对产品进行升级迭代，增强功能，提升体验，以满足用户不断变化的需求。

（2）个性化推荐，激发兴趣。根据用户的历史行为和偏好，进行精准推荐，引导用户尝试新功能或产品，重新激发兴趣。

（3）老用户福利，提高黏性。提供专属优惠券、会员积分等福利，提高老用户黏性，鼓励其再次使用产品或服务。

3. 对于潜伏用户：要激活其潜在需求

他们未曾活跃，但具备潜在需求。这类用户可能是刚刚接触到产品，或是暂时没有使用场景，但潜在需求较为明显，未来可能成为活跃用户。

激活这类用户时，可以使用如下方法：

（1）精准投放广告，吸引他们的关注。根据用户画像和兴趣偏好，精准投放广告，将其吸引到产品页面，引导用户进行了解。

（2）免费试用体验，培养习惯。提供免费试用版本或体验活动，让用户体验产品功能，并培养他们的使用习惯，从而最终实现转化。

（3）内容营销引流，建立联系。创作优质内容，吸引潜在用户关注，并通过活动、互动等方式，建立联系，将其转化为真实用户。

激活用户是一个持续优化迭代的过程。我们需要借助数据分析工具，对不同策略的运用效果进行评估，并不断调整策略，来提高激活率。

第六章
精准转化：将潜在用户"升级"为高价值客户

每一个潜在用户都如同一份变现的资产，要将他们从观望者转变为坚定的消费者，从偶尔的购买者升级为忠实的高价值客户，不仅要了解他们的需求和痛点，还要根据其行为数据进行精准画像，并以此为基础制订有针对性的营销策略和个性化的服务方案。

"存量"决定"销量"

正如一棵参天大树需要深厚的根系来支撑，一个品牌想要屹立不倒，也必须拥有坚实的"存量"基础。这个"存量"并非指单纯的库存数量，而是指品牌所拥有的用户基础、品牌价值、产品口碑等无形资产。

首先，一个品牌的"存量"最直接的体现就是用户基础。拥有大量的忠诚用户就意味着具有稳定的销量，更意味着品牌拥有强大的市场影响力。例如，苹果公司凭借其强大的用户生态系统，成功地培养了无数忠实"果粉"，他们对苹果产品有着强烈的偏好和认同感，即使面对高性价比的竞争对手，也依然选择苹果产品。

其次，品牌价值是企业长期积累的成果，它代表着品牌的声誉、信赖和用户感知。一个拥有较高品牌价值的品牌，更容易获得用户的信任和认可，从而提升销量。

最后，产品口碑是消费者对产品质量和体验的评价，是"存量"形成的重要因素。当产品口碑良好，用户满意度高，便会形成良好的口碑传播，吸引更多新用户，进而扩大用户群，推动销量增长。

当然，仅仅拥有"存量"并不意味着就能获得持续的成功。获得持续成功的关键在于如何撬动用户心智，让"存量"发挥更大的价值，成就品牌传奇。为此，企业要在以下三个方面下足功夫：

1. 差异化定位：脱颖而出的秘诀

在竞争激烈的市场中，只有差异化才能让品牌脱颖而出。企业应该洞察市场需求，找到自身独特的优势，并树立鲜明的品牌定位，才能吸引目标用户的注意力。例如，特斯拉以其新能源汽车的科技感和环保理念，成功地开辟了电动汽车市场的新蓝海，成为全球新能源汽车领域的领跑者。

2. 优质产品：抓住用户痛点

产品是品牌的核心竞争力，也是用户选择品牌的重要依据。企业只有不断提升产品质量，优化用户体验，才能赢得用户的认可和信任，并最终实现销量增长。例如，支付宝通过不断优化用户体验，推出便捷的支付方式，成功地改变了人们的消费习惯，成为移动支付领域的领跑者。

3. 内容营销：与用户建立深度连接

内容营销是与用户建立情感连接的有效方式。通过优质的内容创作，企业可以传递品牌理念，分享产品知识，并与用户形成深度互动，从而提升品牌忠诚度和用户黏性。

存量并非一成不变，它需要像呵护生态平衡一样去细心经营。当你在存量上做足了文章，销量自然会给予你真诚的回报。毕竟，在市场竞争的大海中，存量就是你的船票，而销量便是远方美丽的彼岸。

情感共鸣：深度连接用户的心灵

在人与人的交往中，情感共鸣最能拉近彼此的距离，并让双方建立起深厚的关系。同样，品牌与用户的连接也离不开这一环。情感共鸣，指的是用户在与品牌互动过程中产生的共情体验。它是一种超越理性的连接，能够激发用户的兴趣、信任和忠诚度。当用户感受到品牌理解他们的需求、价值观和情感时，便会更愿意与品牌建立持久的关系。

某知名运动品牌曾发起一场名为"讲出你的故事"的营销活动，他们并没有直接宣扬产品功能，而是选择了赞美每一个普通人背后的努力与汗水。通过一系列真实人物的故事，该品牌成功地与顾客之间建立了情感纽带，并让顾客感受到了品牌对他们生活态度的认可和鼓励。结果是，这场活动不仅增强了品牌忠诚度，还显著提升了销量。

要建立深度的情感连接，并非一蹴而就。以下几个方法有一定的借鉴意义：

1. 讲真实故事，打动人心

故事是人类与生俱来的语言，它能够有效地传递情感、价值观和理念。品牌可以通过讲述动人的故事，来与用户建立情感联系。例如，耐克的"Just Do It"广告，通过展现运动员克服困难、追求梦想的历程，激发了用户的斗志和勇气，并赋予了品牌一种积极向上的精神内核。

再如，星巴克巧妙地将品牌故事与用户体验相结合，通过"第三空间"的概念，为用户提供了一个舒适、温馨的场所，让他们能在繁忙的生活中找到片刻的宁静。星巴克的咖啡师还会与用户进行亲切的互动，了解他们的喜好，并提供个性化的服务。这种贴心细腻的体验，让用户感受到星巴克不仅是一个咖啡品牌，更是一个温暖的港湾，一个充满人情味的社区。

2.触发共鸣点，击中用户内心

在多元化的市场环境中，每个用户都有着鲜明而独特的个性、丰富多样的经历以及复杂多变的情感需求。品牌若想在激烈的竞争中脱颖而出，深入且精准地了解目标用户的特点就显得尤为关键。

这需要品牌不能停留在表面的观察和分析，而是要真正地走进用户的生活中去感受他们的喜怒哀乐，挖掘出那些能够触动他们内心深处的元素。

例如，苹果公司深知用户对于简洁、美观和易用性的追求，因此，其产品的外观设计简约时尚，操作系统直观便捷，让用户在使用过程中感受到了舒适与满足。

再如，海底捞以无微不至的服务闻名，从为等待的顾客提供免费小吃、美甲服务，到记住常客的喜好和习惯，每一个细节都切合用户渴望被关注和关爱的内心。

3.创造互动与参与

真诚的互动无疑是建立情感共鸣的关键所在。品牌若想真正走进用户的内心，就必须与他们进行真实且深入的沟通。这意味着要用心倾听用户的声音，理解他们的需求、期望以及所面临的问题，同时还要积极且及时地回应他们的反馈。

例如，小米品牌就十分注重与用户的互动。他们通过线上论坛和社区活动，鼓励用户分享对产品的使用心得和改进建议。小米的研发团队会认真参考这些反馈信息，并将用户的需求融入产品的更新迭代中。同时，小米还会不定期举办线下见面会和粉丝活动，从而让用户有机会与品牌团队面对面交流。这种深度的互动模式，使得小米拥有了一大批忠实的"米粉"，从而让品牌的发展得到了强大的支持。

4. 品牌人格化

每个品牌都应该拥有鲜明的个性，要像一个有血有肉的人一样。品牌人格不能是模糊不清、模棱两可的存在，而是应当具备独特且易于辨识的特质。它可以是幽默风趣的，以诙谐的语言和轻松的氛围吸引消费者；也可以是热情奔放的，充满活力与激情，时刻传递着积极向上的能量；还可以是沉稳可靠的，以扎实的品质和可靠的服务给消费者带来满满的安全感；又或者是理性睿智的，凭借专业的知识和精准的分析为消费者提供明智的选择和解决方案。

例如，可口可乐一直以来展现的是热情奔放的品牌人格。其广告宣传总是充满着活力和欢乐，无论是色彩鲜艳的包装，还是充满动感的广告画面，都传递着积极向上、享受生活的态度。在各种体育赛事和大型活动中，可口可乐的身影无处不在，其热情洋溢的形象深入人心，让消费者在口渴时首先想到它，因为它代表着活力与快乐，能够瞬间点燃人们的激情。

情感共鸣绝非瞬间的触动，其具备着强大且持久的转化能量。当你成功与用户构建起深厚的情感纽带后，用户对你的品牌或内容的忠诚度将大幅提升。用户这种忠诚度会显著体现在流量转化上，他们不仅会更频繁地消费你的产品或服务，还会积极地向他人推荐，成为品牌的自发传播者。

VIP通道：提供专属优惠、特权

传统的营销模式往往采用"一刀切"的方式，从而忽略了用户的差异化需求。而VIP通道打破了这种"一视同仁"的思维，通过精细化运营，可以为不同类型的用户提供个性化的服务体验。

所谓VIP通道，即为特定客户群体提供专属的优惠、服务和特权，使其享受到与普通客户不同的待遇。这些特权包括但不限于专属折扣、优先服务、限时抢购、积分奖励、定制服务等。

例如，某电商平台推出了"VIP会员日"活动，在这一天，VIP会员可以享受全场商品5折起的优惠。消息一经公布，就吸引了大量的用户前来关注，许多原本只是随便逛逛的用户，为了享受到这个优惠，纷纷开通了VIP会员。

当然，VIP通道不应是一系列优惠的简单堆砌，而应是一种持续且具有战略性的顾客关系管理方式。它要求品牌用心倾听顾客的声音，并以此作为基础，为顾客提供超出其期待的服务和权益。因为当消费者察觉到成为VIP会员不但能够得到切实的优惠，还能获得精神层面的满足时，他们便会更倾向于做出购买决定，这就提升了流量转化率。

所以，只要真正将顾客置于首位，并为他们精心打造一条充满吸引力的VIP通道，那么高效率的流量转化就不再是一句空谈。那么在实际操作中，应当如何针对高价值用户构建一系列高效的VIP通道呢？

1. 明确VIP权益

首先，需要明确VIP客户能够享受哪些专属优惠和特权。这些权益应该是有吸引力的，并能够让用户感受到成为VIP的"甜头"。如优先购买权、专属折扣、免费赠品等。某电商平台为其VIP会员提供了专属的折扣券和免费配送服务。这些特权让VIP会员在购物过程中感受到了更多的实惠和便利，从而提高了他们的购物频率和消费金额。

2. 设计多层次会员体系

通过设立不同级别的会员资格，可以激励用户提升其在体系内的等级，从而享受更多的特权和服务。这种策略不仅能够增加用户的参与度，还能为企业带来持续的收入增长。

多层次会员体系主要体现在以下几个方面：首先将会员按照不同的标准划分为多个等级，如初级会员、银级会员、金级会员和钻石会员等；其次为会员提供清晰的升级路径，通常是通过消费金额、消费次数或其他指标来衡量；最后为不同等级的会员设定不同程度的特权和服务，如积分加倍、专属折扣、优先服务等。

希尔顿荣誉客会（Hilton Honors）为它的会员提供了从银卡到钻石卡等多个级别的会员资格，每个级别都有相应的特权，如免费Wi-Fi、客房升级、延迟退房等。钻石会员甚至可以在特定酒店享受行政酒廊待遇。

3. 优化用户体验

VIP通道不仅是一堆优惠和特权的堆砌，更重要的是要提供优质的用户体验。从用户进入VIP通道的那一刻起，就应该让他们感受到与众不同的待遇。例如，一家连锁餐厅为其 VIP 会员提供了专属的用餐区域和优先点餐服务。这些贴心的服务让 VIP 会员在用餐过程中感受到了更多的舒适和尊贵，从而增加了他们对餐厅的好感度和回头率。

4. 强化情感连接

成为 VIP 并不是一锤子买卖，需要持续地与 VIP 客户保持沟通和互动。通过定期的邮件、短信或社交媒体推送，向他们传达最新的优惠信息、特权升级等。同时，也可以邀请他们参与品牌的调研、活动等，来增强他们的参与感和归属感。例如，美国运通（American Express）经常为其白金卡会员提供独特的体验，如独家演唱会门票、高端餐厅预订等，这些体验不仅仅是物质上的优惠，更是情感上的满足。

综上所述，不难看出，一个精心设计的 VIP 通道不仅能够为客户提供好的体验，还能为企业带来长远的利益。无论是大型连锁企业还是小型店铺，都可以根据自身特点和目标客户群，设计出适合自己的 VIP 通道。

卓越体验：让用户黏上你的品牌

卓越体验，并非仅仅指产品的功能完善、设计精美，而是指用户在与品牌接触的每个环节中，都能感受到超出预期的价值和愉悦。它是一种无形的体验，能够深深地触动用户内心，从而让他们对品牌产生强烈的认同感和归属感。

例如，一家在线教育机构面对众多竞争对手，决定通过打造卓越的用户体验来突围。他们设计了简洁直观的界面，确保用户能轻松找到所需课程。更有特色的是，他们运用人工智能技术为用户定制个性化学习计划，使用户的学习效率大大提高。结果，这个平台的口碑迅速传播，大量新用户因好评而来，老用户的续报率也显著提升。

卓越的用户体验不但有助于提升用户留存率，而且也能增强用户的推荐率，从而吸引更多用户主动参与品牌社群，进而与品牌建立更深层次的联系。

如何打造卓越的体验呢？要把握以下五个关键要素：

1. 个性化

每个用户都是独一无二的，他们的需求和偏好也各不相同。为了满足用户的个性化需求，企业需要借助先进的数据分析技术和工具来收集和分析用户数据。通过这些数据，企业可以为不同用户提供个性化的产品、服务和体验。

以亚马逊为例，其成功的背后离不开强大的个性化推荐系统。这一系统基于复杂的算法和机器学习模型，能够实时分析用户的历史购买记录、浏览行为、搜索关键词等多维度数据。通过这些数据，系统能够精准地构建出用户的兴趣图谱和购买偏好，进而在用户浏览或搜索时，为他们推荐最可能感兴趣的商品。

2. 便利性

在快节奏的现代生活中，用户对服务的便利性有着极高的期待。他们渴望在最短的时间内，以最便捷的方式获得所需的服务。因此，企业必须致力于简化用户体验流程，降低产品使用门槛，以满足用户对高效、便捷服务的迫切需求。

因此,企业可以采取多种策略。例如,提供线上预约功能,让用户能够随时随地获得预约服务,无须排队等待;引入自助服务终端,让用户能够自主完成简单操作,减少对人工服务的依赖;优化结账流程,如通过微信支付等移动支付手段,让用户只需手机扫码即可完成支付,从而节省他们的时间和精力。

3.情感连接

成功的品牌体验远不止于功能性的满足,它更多地需要与用户建立深厚的情感连接。这种情感连接是品牌与用户之间的一种特殊纽带,它能够让用户在众多选择中,对某一品牌产生特别的偏好和忠诚度。

为此,企业可以通过品牌故事、用户参与、情感化营销等方式,与用户建立情感共鸣,从而让用户感受到品牌的温度和关怀。例如,一些品牌通过分享创业历程、社会责任项目或用户故事,成功地与用户建立了情感上的联系。

4.持续创新

持续创新不仅仅局限于产品和技术层面,它同样适用于企业的服务模式和营销策略。企业需要不断探索新的服务模式,以提供更加便捷、高效的用户体验。同时,企业的营销策略也需要不断创新,以吸引和留住用户的注意力。例如,通过运用新兴的数字营销手段,如社交媒体、大数据分析等,企业可以更加精准地触达目标用户,并为其提供个性化的营销内容,从而增强用户的品牌忠诚度和参与度。

5.用户反馈

用户反馈如同一面镜子,能真实映照出产品或服务在用户心中的实际表现,并揭示出潜在的改进空间。因此,建立一个高效、灵敏的用户反馈机制，对于企业不断优化用户体验至关重要。例如，许多电商平台通过提供用户评价功能，为用户搭建了一个表达意见和感受的平台。用户这些意见和感受不仅包含他们对产品的满意度、使用体验等直接反馈，还可能涉及对物流、售后服务等各个环节的意见。通过深入分析这些反馈，企业能够精准地识别出服务中的短板和用户的真实需求，从而有的放矢地进行改进。

卓越体验的魔力在于它能将一次性访客转化为回头客，将满意用户变成品牌传道者。当用户在使用你的产品或服务时觉得舒心、省心、放心，他们自然会愿意为此买单，并引来新的客户，这就形成了良性循环。

用户画像：进行个性化精准推荐

流量犹如血液，是企业生存的命脉。然而，获取流量只是第一步，如何将流量转化为实际的购买力，才是企业盈利的关键。而用户画像，在这个环节中扮演着至关重要的角色。

什么是用户画像？用户画像是通过对用户行为、偏好、兴趣等多种数据的分析，构建起来的一个虚拟人物模型。它能够帮助我们更深入地理解用户的需求，从而让我们能为用户提供更加贴合其需求的产品和服务。例如，通过分析发现，某人经常浏览健身器材，购买运动服装，还关注了很多健身博主，那我们给他的画像就是一个热爱健身的人。

有了清晰的用户画像，就可以进行个性化推荐，它就像是为用户量身定制的购物清单，可以让他们觉得每一个推荐都是为自己精心准备的。例如，电商平台会根据用户画像发现你最近在搜索婴儿用品，于是给你推荐了优质的婴儿奶粉、尿不湿等商品。你看到这些精准的推荐，很可能立马就下单了。再如，一些音乐App了解到你喜欢流行音乐，尤其是喜欢周杰伦的歌曲，于是为你推荐了一些周杰伦专辑中的某些流行歌曲。你肯定会觉得这种推荐很贴心，并可能会因此而开通会员。

可见，为用户画像非常重要，它的准确与否，甚至直接决定了流量的转化效率。如何构建能全面、准确描绘目标用户群体的特征和行为模式的用户画像呢？以下是几个具体的步骤：

1. 数据收集

数据是构建用户画像的基础，收集的数据应尽可能全面、准确。数据来源包括但不限于以下几个方面：

（1）用户调研。通过问卷调查、用户访谈等方式直接收集用户的个人信息、使用习惯、偏好等主观数据，并对这些数据进行研究。

（2）行为数据。用户在网站、App等数字平台上的浏览记录、点击记录、购买记录等客观行为数据。

（3）第三方数据。如市场调研报告、行业分析报告等，这些数据可以提供更宏观的视角和用户群体的整体特征。

2. 数据清洗与整理

收集到的原始数据往往存在重复、缺失、错误等问题，需要进行清洗和整理。这一过程大致涵盖了下列关键操作：

（1）删除重复数据。如同剔除冗余的杂草，避免它们在后续分析中造成混淆和资源浪费。

（2）填补缺失值。这一步是修补数据的漏洞，通过合理的推断和有效的方法，为不完整的数据赋予恰当的数值，以确保数据的完整性和连贯性。

（3）纠正错误数据。依据严谨的规则、逻辑以及相关的验证手段，对不准确的数据进行修正，使其回归正轨。

3. 标签体系构建

为了方便管理和应用用户画像，我们可以将用户画像中的关键特征进行标签化处理。这些标签不仅要简洁明了，而且要易于被计算机系统识别和处理，为后续的精准营销、个性化推荐等策略提供了有力的依据。通过标签体系，我们可以快速筛选出符合特定条件的用户群体，并进行有针对性的营销活动或推荐服务。

同时，利用可视化工具，我们可以将用户画像以图表、热力图等形式直观地展现出来，这不仅有助于我们更深入地了解用户特征和行为模式，还能为定制业务决策提供直观的参考依据。

4. 画像生成与应用

通过先进的算法和精准的模型，能够将用户纷繁复杂的数据巧妙地转化为清晰具体的标签和生动形象的画像。这些标签和画像并非简单的数字和符号组合，而是对用户特征、兴趣、行为模式等多方面的深度提炼和精准概括。

例如，用户画像可以准确地描述用户的年龄范围、性别、地域分布、消费偏好、浏览习惯等关键信息。基于这些详尽且精准的画像，企业在多个重要场景中就能够实现更具针对性和有效性的策略应用。

通过构建用户画像并实施个性化推荐，企业可以更好地理解用户的需求，提供更贴近用户需求的服务，从而实现更高的流量转化率。在这个过程中，重要的是要不断迭代和优化用户画像，确保其始终符合用户的真实情况。

直击痛点：简单两个办法提升转化率

在"如何将这些流量有效地转化为实际的收益"这个问题上，着实让不少人挠头。无数企业在投入巨资获取流量之后，却发现转化率始终上不去，陷入了"有流量无销量"的迷局。究其原因，大多是因为忽视了用户的痛点。

痛点，就像用户内心深处的痒痒，不挠不行。只有准确地抓住了用户的痛点，才能有的放矢，提供他们真正需要的解决方案。

一个产品，一项服务，你标榜得再好，捧的人再多，价格再亲民，但不能触及用户的痛点，也只能是镜花水月，难以真正赢得用户的青睐和市场的认可。所以，要提升流量的转化率，关键在于抓住并解决用户的痛点。

周先生从事的家居行业竞争激烈，之前，他一年也拿不到多少订单。后来，他改变了思维：不再生硬地向顾客推销产品，一件一件地买，而是免费给他们提供方案，顺带把家居卖掉。如此一来，他再也不用到处跑腿了，因为生意会主动找上门来。

在这个案例中，周先生深刻洞察到用户在家居购买过程中的痛点，即以往分散的家装业务导致用户需要四处奔波、分别采购，费时费力。周先生通过改变策略，不再单纯推销单品，而是免费为用户提供整体家装方案，一站式地解决了用户的家装难题。这种方式触及用户痛点，让用户能够轻松便捷地完成家装采购，从而吸引用户主动找上门，实现了业务的显著增长。

不论在哪个行业，很多公司都习惯一味地拼价格、拼返点，这种竞争方式往往只是短期的兴奋剂，无法为企业带来持久的竞争力。明智的做法是着眼于发现和触及客户的痛点，并通过创新和优化产品与服务，为客户创造更多的价值。

那么，如何才能有效地发现和触及客户的痛点，并实现产品与服务的创新和优化呢？其实很简单，关键就两个办法：

1. 找到用户最真实的需求

要找准痛点，就得深入了解用户。可以通过用户调研、数据分析、客户反馈等方式，挖掘出他们在使用产品或服务过程中遇到的问题和困扰。

（1）倾听用户的声音。平时，通过问卷调查、访谈等方式，收集用户对产品或服务的真实反馈。也可以关注用户在社交平台、电商平台、论坛上的评论，从中寻找他们对产品或服务的不满和期待。或者利用网站流量数据、用户行为数据等，分析用户在使用产品或服务时的流程和行为，从而找出他们遇到的阻碍。

（2）站在用户的角度思考。将自己置身于用户的角色，模拟他们的使用场景，感受他们的真实体验，从而理解他们的需求，找到他们的痛点。当然了，用户的需求会随着时代的发展、技术的进步而不断变化，企业要时刻关注用户的需求变化，并及时调整产品或服务策略。

2. 针对性地解决问题

找到痛点只是第一步，如何有效地传达解决方案，并使之转化为实际

第六章 精准转化：将潜在用户"升级"为高价值客户

的销售成果，才是提升转化率的关键。找到用户痛点后，要提供有效的解决方案，即要能够真正解决用户的实际问题。为此，要做好三件事。

（1）产品功能的改进。针对用户在使用产品过程中遇到的问题，设计更符合用户需求的功能，从而提升用户体验。例如，某网约车平台，通过分析用户评价发现，很多乘客抱怨等待时间过长。于是，平台优化了派单算法，减少了乘客的等待时间，从而大大提升了用户满意度和转化率。再如，某互联网金融平台，通过用户数据分析发现，用户在申请贷款时，对流程烦琐、审核时间长等问题比较敏感。该金融平台针对这一问题，推出"秒速审核"功能，优化了用户体验，有效提高了用户转化率。

（2）服务质量的提升。针对用户在使用服务过程中遇到的困扰，为其提供更优质的服务，以满足用户的个性化需求。例如，对很多人来说，在线购物的一个主要痛点，就是退货换货难。因此，有些商家针对这一痛点，推出了"一键退货、免费上门取件"的服务。他们明确地在广告和宣传中突出这项服务，结果大受欢迎，不仅吸引了大量新客户，也极大提升了老客户的复购率。

（3）内容的精准化。针对用户关注的领域和问题，为其提供有价值、有吸引力的内容，以解决用户的实际需求。在产品文案、广告语等方面，要使用简洁、直白的语言，重点突出用户痛点和解决方案，避免空洞的宣传和华而不实的修辞。

触及用户痛点不仅仅是一种营销手段，更是一种以用户为中心的商业哲学。在流量转化的道路上，不断探寻并解决用户的痛点，就像为企业安上了一双翅膀，让品牌飞入用户心中，建立起持久而强大的连接。当品牌能切实解决用户的问题时，用户自然会用信任和购买来回应。

客户见证：用真实案例引导转化

人们总是倾向于寻求参考他人的经验，尤其是在作出购买决策时。一个由用户声音组成的客户见证，能够突破他们的心理防线，并促使潜在客户产生共鸣，从而向购买行为迈出关键的一步。它不仅展现了产品的实际效果，还传递了产品带来的正面情感体验。

有一家电商平台，在其网站首页的显著位置，精心设置了一个引人注目的"用户评价"板块。这个板块并非简单地罗列用户的只言片语，而是进行了精心的布局和设计。

平台收集了海量的用户真实评价，涵盖了从日常生活用品到高端电子产品，从时尚服装到美食特产等各种各样的商品类别。对于每一类产品，评价都被细致地分类展示。例如，在电子产品类别下，用户可以清晰地看到关于手机的评价被单独归为一组，平板电脑的评价则在另一组，方便用户快速找到自己感兴趣的产品评价。

当用户准备购买一款手机时，点击进入相关页面，就能看到其他用户详细且生动的评价。有的用户会热情洋溢地描述手机出色的拍照功能，"用这款手机拍出的照片，色彩鲜艳，清晰度超高，每一次按下快门都像是在创作艺术作品"；有的用户则会着重夸赞其流畅的运行速度，"多任务处理毫无压力，玩大型游戏也不会卡顿，简直太棒了"；还有的用户会分享手机的续航能力,"充满一次电,正常使用一整天完全没问题,再也不用有电量焦虑"。

这些真实且丰富的评价,能够让用户在购买商品之前,如同身临其境般了解产品的真实情况,大大降低了购买风险,让用户能够更加坚定地作出购买决策,显著提升其购买信心。

在这个案例中,电商平台通过客户见证的方式搭建起了消费者与产品之间的信任桥梁,让消费者能够在众多真实且详细的评价中,清晰地了解产品的优缺点,从而作出更明智的购买决策。

客户见证的应用方式多种多样,根据不同的场景和目标,可以选择不同的形式来进行呈现,以达到最佳效果。

1. 文字类见证

文字类见证是最常见的一种用户反馈形式,它以文字为载体,传递着用户对于产品或服务的真实感受和评价。例如,结合具体案例,阐述产品或服务如何解决实际问题,并取得了哪些成效等。

(1)简单评价。寥寥数语,概括用户对产品或服务的整体感受。例如,"非常满意,超出预期""产品质量很好,值得推荐"。

(2)详细评价。详细描述使用体验,并分享使用心得和感受。例如,详细描述产品的特点、功能和使用感受,以及使用前后带来的变化和改进意见。

2. 视频类见证

视频类见证作为一种直观且生动的用户反馈方式,正逐渐成为展现产品或服务效果的有力手段。在视频类见证中,用户可以通过亲自出镜讲述的方式,来分享他们的真实体验。

（1）产品使用视频。用户亲自上阵，全方位展示产品的具体使用过程和亲身体验。他们会细致地呈现每一个操作步骤，边操作边分享使用中的直观感受。

（2）客户访谈视频。借助访谈的形式，营造出轻松交流的氛围，让客户能够畅所欲言，真诚地讲述使用产品的真实感受和独特体验，还有使用这种产品为其生活或工作带来的显著改变和实际价值。

（3）客户故事视频。以引人入胜的故事形式，生动展现用户使用产品的完整经历和细腻感受，并大方地分享最终的丰硕成果。

3. 图片类见证

图片类见证简洁明了、重点突出的特点，能够迅速吸引观众的注意力，并有效地传达产品或服务的价值和优势。

（1）产品效果图见证。用户会拍摄产品在实际使用场景中的静态画面，清晰呈现产品的外观、设计和细节。例如，一款新上市的智能手表，用户会拍摄其精致的表盘、舒适的表带，以及与不同服装搭配时产生的时尚效果，从而让潜在消费者能直观感受到产品的魅力。

（2）前后对比图见证。通过拍摄使用产品或服务前后的状态对比，能给人强烈的视觉冲击。

（3）场景融入图见证。用户将产品自然地融入日常生活场景中，能展现产品与生活的完美融合。

4. 其他形式见证

除了上述三种常见的"客户见证"方式，还有多种其他形式的见证可以用来展示客户的故事和体验。这些多元化的见证形式不仅能够丰富品牌的叙述，还能以不同的方式触及潜在客户的心灵。以下是几种有效的其他形式见证：

（1）用户案例文章。以丰富翔实的文章形式，深度剖析用户使用产品的成功案例。这些文章不仅会细致入微地描述用户在使用产品过程中的每一个关键步骤和决策，还会毫无保留地分享他们所积累的宝贵经验和深刻心得。

（2）用户群组。通过建立专门的用户群组，为用户搭建起一个自由开放的交流平台。在交流平台上，用户可以畅所欲言，尽情地交流使用产品的体验，并毫无保留地分享各自的经验和感受。他们会热烈讨论产品的优点和不足，并共同探讨如何更好地发挥产品的功能和优势。

（3）用户推荐。积极鼓励用户将产品或服务推荐给身边的朋友和家人，并为此给予相应的奖励。例如，当用户成功推荐一位新用户购买某款产品后，可能会获得产品的优惠券、积分或者专属的会员特权等奖励。

客户见证作为一项强有力的营销策略，在品牌与潜在客户之间架起了一座信任的桥梁。通过分享真实的声音和故事，能够让品牌以一种直接而真诚的方式与消费者建立联系，从而大幅提升流量转化率。

第七章
多元变现:流量变金矿的七大盈利模式

从广告模式到新兴的知识付费、社交电商,流量变现的路径早已不再局限于单一的模式。企业要结合自身实际,选择合适的变现方式,设计最佳的变现路径,从而将源源不断的流量转化为实实在在的真金白银。

流量不变现，价值等于零

流量，这个词在商业领域中充满了诱人的魅力。它代表着潜在的顾客，预示着盈利的可能。但是，若不能有效地将这些点击、浏览和关注转换为实际的购买行为，那么，谈论流量变现，就形同于在玩一个空洞的数字游戏——没有流量转化，一切等于零。

这就好比你在繁华的市中心开了一家店铺，每天人来人往，但就是没有人进店消费。这样的场景让人不禁会思考，我们是否忽略了流量背后的真正含义——价值转化。

在自媒体高度发展的今天，数字营销的一个重要的底层逻辑就是：价值＝流量＋变现。不可否认，现在很多人都在埋头做内功，圈流量，他们本能地认为：只要有流量，就一定能赚到钱。结果呢？常常是带着流量来，又带着流量消失，没产生多少商业价值。这种情况的发生就是因为他们没有搞清楚流量变现的底层逻辑，肤浅地认为流量就是用户，流量就是钱。

有一家自媒体公司，成立之初，雇用了好几个文案编辑，他们没日没夜地创作内容，深入挖掘各种热门话题，以独特的视角、精彩的文字和生动的表达方式，为读者呈现一篇又一篇精彩的文章。无论是情感故事、时事评论，还是生活小窍门，他们都写得深入人心。但是，几个月后，公众号就发布了最后一篇文章《有点伤感，不得不说再见》。

第七章 多元变现：流量变金矿的七大盈利模式

类似的场景几乎每日都在上演，为什么？归根结底就是因为一个字：钱。不论你做什么，只要是商业行为，都不可避免地会指向一个原点——钱。拼命创作为了钱，到处搞流量也是为了钱，想办法留住老客户，还是为了钱。当你所有的付出，所有的流量，最终不能变为真金白银，那一定是在变现环节出了问题。

在数字营销的世界里，流量被视为企业的生命线。无数的自媒体和个人创业者都在绞尽脑汁地寻找获取流量的方法。然而，如果不能有效地将这些流量转化为实际的商业价值，那么获取再多的流量也只是徒劳。

超大体量的流量如果不能有效转化，就只是满足内心成就感的短暂欢愉。毕竟，现在看这部分流量是你的，但下个时间段，它很可能就是别人的了。在你这里时，你抓不住，变不了现，那它对你就没有多少商业价值。

最常见的一种场景是：某个网红直播带货时，吸引了海量的用户观看，但由于网站的购物流程烦琐、支付方式有限，或者商品推荐不够精准，导致大部分用户只浏览而不购买。那么这些流量不仅没有带来实际的收益，反而增加了服务器的负担和运营成本。这就如同一位辛勤的渔夫，历经风雨，好不容易捕到了一网肥美的鱼，却因不懂得保鲜和销售的技巧，眼睁睁看着这些鱼逐渐腐烂而卖不出去，心血付诸东流。

如今，商业竞争的残酷性就在于：流量本来就是稀缺的，抢不到固然没办法变现，这可以理解，但是抢到了，却无法变现，这是最令人遗憾的。所以，要引爆流量营销，要想吃流量的饭，就一定要深谙流量变现的底层逻辑，并不断探索新的流量转化的方法，提升用户转化率，以打造高效、完整的价值闭环，而不是人云亦云，今天学这个，明天学那个，或使用老套、过时的方法。

直播变现：把"家人"变为"财神"

如今，直播作为一种新型的社交和营销方式，被越来越多的人所青睐。各种短视频和直播平台层出不穷，包括但不限于抖音、快手、B 站等，每个平台都有其独特的用户基础和市场潜力。在这样的背景下，"直播带货"等商业理念逐渐渗透到了各行各业。

相较于传统的广告投放方式，直播不仅成本低，而且能够提供更为直接和高效的互动体验。这种形式不仅降低了进入门槛，还让品牌与消费者之间建立了更加紧密的联系。然而，真正要把这些"家人"——忠实的粉丝和观众变成"财神"，则需要精心设计一系列变现策略。

接下来，介绍一些实用的方法和技巧，以帮助你有效地将直播流量转化为实际收益。

1. 礼物打赏

在直播中，礼物打赏是观众向主播表达喜爱和支持的常见方式。平台精心设计了各式各样的虚拟礼物，每一款礼物都承载着观众的心意。当观众被主播的才华、魅力或精彩表现所打动时，他们会适时地送上一份特别的心意。

主播收到观众送出的虚拟礼物后，平台会根据这些礼物的价值计算出一个总额，然后按照平台设定的分成规则，将这个总额中的一部分作为收益分给主播。

例如，平台规定礼物价值的 50% 是主播的收益。如果观众在一场直播中送给主播的礼物总价值为 1000 元，那么主播可以获得的收益就是 1000 元的 50%，即 500 元。

2. 直播带货

直播带货在直播领域已成为一种极具影响力的变现方式。主播凭借自身在直播间积累的人气和信任，巧妙地向观众推介各类商品，并提供便捷的购买链接。当粉丝在直播间通过主播提供的购买链接或者相关指引购买了商品，主播就能从平台那里得到一定比例的报酬，这个报酬被称为佣金收益。

例如，一位美妆主播在直播中详细介绍了一款新上市的口红，她不仅展示了口红的颜色、质地和持久度，还亲自试涂，让观众能够直观地看到涂口红后的效果。粉丝被她的介绍所吸引，纷纷通过直播间的购买链接下单购买，这位主播因此获得了平台提供的丰厚佣金收益。

3. 广告植入

现在，品牌商敏锐地察觉到了直播的巨大影响力，纷纷通过赞助或合作的方式在直播间进行广告宣传。主播则通过与品牌商的合作，获得相应的广告费。

例如，某知名手机品牌与一位科技类主播合作，在直播过程中，主播巧妙地将该品牌手机的新功能和优势融入了讲解中，让观众在不知不觉中了解到了这款手机的亮点。品牌商因此获得了广泛的曝光，主播也顺利拿到了一笔可观的广告费。

4. 会员付费

为了给粉丝提供比普通直播内容更好、更具独特性，以及只有特定人群才能享有的内容、好处和服务，可以设立一种需要粉丝支付一定费用才能成为会员的制度。

例如,一位情感类主播会为付费会员提供一对一的情感咨询、专属的私密情感课程,或者会员才能参加的线下情感交流活动等。粉丝需要支付一定的费用,如每月50元或者每年300元等,成为会员后才能享受这些特殊的情感内容、福利和服务。通过这种方式,主播能够为愿意支付费用的粉丝提供更具针对性和高质量的服务,同时也能增加自己的收入。

5. 线下活动

主播利用直播平台积累的人气和影响力,精心组织线下活动,为粉丝创造了近距离接触的机会。例如,一位音乐主播举办了线下演唱会,粉丝从各地赶来,现场感受主播的音乐魅力。通过门票销售、周边产品售卖等方式,主播从中获得了丰厚的收益。再比如,一位旅游主播组织粉丝聚会,带领大家一起探访美丽的景点,同时通过与旅游景点和相关商家的合作,实现了收益的增长。

总之,在直播的多彩世界中,这些变现方式为主播们提供了广阔的发展空间和机会,只要主播不断提升自身能力,打造优质内容,就可以将更多的"家人"转化为"财神"。

知识付费:专业就是真金白银

在这个知识爆炸的时代,信息获取变得唾手可得,但真正能带来价值的,往往是经过专业提炼、系统整理的知识。因此,知识付费这种商业模式应运而生。它将专业知识与经济价值紧密相连,为用户提供了高效、精准的学习体验,也为知识创造者提供了新的变现途径。

知识付费的本质,是将专业知识转化为价值,并用真金白银来衡量这种价值。它打破了传统的知识传播模式,将知识从单纯的分享变成了一种商品,并建立了全新的知识服务生态。在这个生态中,专业知识拥有者可以将自身技能和经验转化为可衡量的价值,从而获得商业回报;用户则可以通过付费获取专业知识,以提升自身技能和竞争力。

近年来,知识付费领域涌现出了众多成功模式,印证了专业知识的巨大价值。

1. 在线教育平台

以 MOOCs(大规模开放式在线课程)为典型代表的在线教育平台,犹如知识的宝库,凭借其提供的高品质课程内容以及专业化的教学服务,成功吸引了数量庞大的用户群体。

例如 Coursera 这一知名平台,它与全球众多顶尖学府合作,整合了来自世界各地的一流教授和专家精心打造的课程,涵盖了计算机科学、商业管理、人文艺术等多个领域,为学习者提供了丰富多样且极具深度的学习资源。

再如,腾讯课堂、网易云课堂等同样表现出色,它们不仅集合了众多国内优秀教育机构和名师的课程,还针对不同年龄段、有不同学习需求的用户,量身定制了从职业技能培训到兴趣爱好培养等各类课程,从而满足了用户多元化的学习追求。

这些在线教育平台以其独特的优势和丰富的资源,正在逐渐改变着人们获取知识和提升自我的方式,为教育领域带来了全新的发展机遇和可能。

2. 知识付费社区

知识付费社区通过构建专业领域内的交流平台，连接了知识创造者和知识消费者。以知乎为例，这个平台涵盖了无数个专业领域，无论是科技前沿、人文社科，还是生活百态、艺术审美，你都能在知乎找到相关内容。用户可以在这里提出问题，随后众多行业专家、资深从业者和热心网友会提供答案，分享自己的见解和经验，从而形成了一个充满活力的知识交流场。

这些平台通过为用户提供答案知识分享、互动交流、付费阅读等多元化的服务，营造了良好的知识传播环境，从而吸引了大量渴望知识、追求成长的用户踊跃加入。

3. 专业咨询服务

如今，人们对生活品质和个人发展的追求不断提升，对专业知识和精准建议的依赖程度日益加深。知识付费模式的兴起，使得专业咨询服务能以更加便捷、高效的方式触及用户。

例如，当人们在生活中遭遇房产纠纷、劳动合同争议或者侵权问题时，就可以通过一些知识付费平台来获取专业律师的咨询服务。用户只需支付一定的费用，就能在短时间内得到律师基于丰富经验和专业知识给出的针对性建议。

再如，通过知识付费平台，用户能够与心理咨询师进行线上交流，支付相应费用获取专业的心理疏导和情绪调节方法，帮助自己保持良好的心理状态，更好地应对生活和工作中的各种挑战。

4. 知识付费产品

某些在特定领域具备专业知识和技能的人，把他们所掌握的这些知识进行整理、加工和包装，形成有形或无形的产品，如课程、书籍、软件、咨询服务等，然后卖给有需要的用户。

例如，一位资深的健身教练，把他多年积累的健身知识和训练方法制作成一套线上健身课程，用户需要支付一定的费用才能购买并观看这套课程。再比如，一位经验丰富的市场营销专家，把自己的营销心得写成了一本电子书，读者需要付费购买才能阅读。通过这种付费传播的方式，专业人员能够将自己的知识变现，同时也能筛选出真正有需求、愿意为知识付费的受众。

知识付费时代的到来，为专业人士提供了新的机遇，也为流量变现模式带来了新的思路。通过将专业知识与流量变现相结合，知识付费平台将不断推动专业知识价值的实现，让专业知识成为真金白银。

广告合作：你赚我赚大家赚

互联网的本质是连接，流量则是连接的桥梁。在信息过载的时代，用户对信息的筛选能力和需求变得越来越复杂，这就需要广告合作来精准地将信息传递给目标用户。这也是做广告的根本原因。

当大量的用户聚集在某个平台或渠道时，就形成了一个具有吸引力的市场。这时，广告商也愿意在这里投放广告，原因很简单——他们相信这样做能够触及目标客户，从而促进产品或服务的销售。与此同时，拥有流量的一方，则通过提供广告展示的空间或机会，获得相应的报酬。所以，广告合作的本质是基于"共赢"理念的商业合作模式，即通过协同合作，来共同开拓市场，并实现价值最大化。

例如，一个拥有百万粉丝的社交媒体账号，其每一篇发布的内容都能获得成千上万的阅读和互动。对于广告商来说，这就是一个绝佳的宣传渠道，他们愿意支付费用来让自己的品牌或产品在这里曝光。

不论过去还是现在，广告合作都是让流量变现的重要途径之一，它不仅能为广告主带来精准的客户群体，也能为流量平台创造丰厚的收益。

广告合作的形式多种多样，企业可以根据自身需求选择合适的合作模式。以下列举几种常见的广告合作方法。

1. 原生广告

原生广告能够与所在平台的内容风格和形式达到高度的融合与统一。通过这种巧妙地融合，用户在进行自然、流畅的浏览体验时，会在不经意间接触到广告信息。它们可能是一篇看似普通的生活分享文章，实则在文中巧妙地提及了某款产品的优势和特色；也可能是一组精美的图片，这些图片在展示美好生活场景的同时，悄然融入了某个品牌的元素。这种广告形式充分尊重了用户的浏览习惯和心理，降低了用户对广告的抵触情绪，提高了广告信息的接受度和传播效果。

例如，在社交媒体平台上，原生广告常常以类似普通用户发布的帖子的形式呈现。它可能会采用与用户日常分享相似的语言风格、图片展示方式，甚至是互动形式，使得用户难以在第一时间分辨出其为广告。

2. 植入式广告

它将广告元素不露声色地融入各类内容之中，让用户在毫无察觉的情况下接收到广告信息。例如，在某部热播剧中，主角在多个关键情节中频繁使用某品牌饮料，从而让这款饮料的品牌标识和产品特点在剧情中得到了充分展示。随着剧集的热播，该饮料吸引了大量观众的关注，其销量大幅上升。而剧集制作方通过与饮料品牌的合作，成功实现了广告植入，获得了可观的收入，同时也为品牌方提供了高效的宣传渠道，实现了双方的互利共赢。这种植入式广告的成功案例充分说明了其在传递广告信息和促进产品销售方面的巨大潜力。

3. 搜索引擎广告

搜索引擎广告是一种常见且有效的网络广告形式，其中包括关键词广告这一重要类型。当用户在搜索引擎中输入相关关键词进行搜索时，与之匹配的广告就会出现在搜索结果页面上。

例如，用户在搜索引擎中输入"手机"这个关键词，页面上除了显示与手机相关的自然搜索结果外，还会出现相关手机品牌的广告。这些广告通常会展示手机的图片、型号、特色功能以及价格等关键信息，以吸引用户的注意力。而且，搜索引擎广告的展示位置和排名往往会受到多种因素的影响，如广告主的出价、广告质量得分等。通过合理的优化和投放策略，广告主能够提高广告的曝光率和点击率，从而有效地将潜在用户引导至自己的网站或产品页面。

4. 社交媒体广告

社交媒体广告充分利用了社交媒体平台强大的定向推送功能，能够根据用户的兴趣、年龄、地理位置等多种因素，实现精准推送。

以微信朋友圈为例，用户在浏览朋友圈时，可能会看到品牌推广广告。这些广告并非随机出现，而是基于微信对用户的大数据分析。例如，如果用户经常关注时尚资讯，那么就可能会收到服装品牌的广告；如果用户年龄在 25—35 岁，且居住在一线城市，就可能会看到他们所关注的高端消费品或金融服务的广告。这种精准推送不仅提高了广告的效果，减少了对不相关用户的干扰，还能够让广告主更加有效地利用广告预算，将广告资源集中投放到最有可能感兴趣的目标用户群体中，从而实现更高的转化率和投资回报率。

5. 品牌赞助

品牌赞助，即品牌直接对某个活动、节目或创作者提供资金、物资等方面的支持，以此来获取显著的曝光机会和品牌推广效果。

例如，某运动品牌选择赞助一场马拉松比赛。在比赛现场，该品牌通过设置展示摊位、展示品牌标志和产品、提供参赛选手的装备等方式，让品牌形象深入人心。再如，某化妆品品牌赞助了一位美妆博主的系列视频，并让博主在视频中巧妙融入品牌的产品，通过博主的示范和推荐，吸引了大量观众关注和购买。

6. 内容营销合作

内容营销合作指的是品牌与内容创作者展开合作，共同创作与品牌紧密相关且具有价值的内容，形式包括文章、图片、漫画等。

例如，某汽车品牌与汽车评测博主合作，推出汽车评测文章。在文章中，博主会结合自身的专业知识和驾驶体验，详细介绍该汽车品牌车型的外观设计、内饰配置、动力性能、安全性能等方面的特点和优势。同时，还会通过精美的图片和生动的文字描述，营造出引人入胜的阅读体验，让读者能够深入了解该汽车品牌的产品魅力。这种合作方式不仅能够为读者提供有用的信息，还能够增强品牌在消费者心目中的形象和认知度，从而促进潜在消费者的购买决策。

7. 展示广告

展示广告是在广告领域中最为常见和直观的一种形式。它通常出现在各种网页、App 等数字界面上，以多种引人注目的方式呈现，其中包括横幅广告、弹窗广告等。

例如，某新闻资讯 App 对其页面布局精心设计，在不影响用户正常阅读体验的前提下，巧妙地在页面的不同位置展示相关的广告。在首页的顶部有一条醒目的横幅广告，展示最新的电子产品；或者在用户阅读完一篇文章准备返回时，弹出一个与当前热点话题相关的弹窗广告。通过这样合理且适度的展示，该新闻资讯 App 为广告商带来了大量的曝光机会，让更多潜在消费者了解到了广告商推荐的产品或服务。

总而言之，广告合作是一种简单、有效的流量变现手段，只要运用得当，就可以让流量拥有者、广告商和用户三方共赢，真正做到"你赚我赚大家赚"。

增值服务：拓宽盈利的边界

流量变现，本质上是通过吸引用户、获取流量来实现盈利。然而，随着市场竞争日益激烈，流量获取成本不断攀升，单纯依靠拼流量，通过"薄利多销"这种模式来盈利会非常困难。为了拓宽盈利边界，一些企业将目光转向了增值服务。

增值服务，即从用户价值出发，以满足用户多元化需求为导向，为用户提供更深层次的服务体验,从而提升用户满意度和忠诚度,最终实现可持续的盈利增长。可见,这里的"增值服务"并非简单的"附加服务",其核心在于为用户提供超过基本需求的增值体验,从而引发用户的付费意愿,实现流量价值的变现。

例如,电商平台通过提供个性化商品推荐、积分返利、会员专属服务等增值服务,可以有效提升用户购物体验,增强用户忠诚度,减少用户流失率,从而降低获客成本。

企业要想通过增值服务获利,需根据企业自身的资源优势、用户需求以及市场环境等因素,制定合理的策略。通常,增值服务有三种,分别为功能增强型增值服务、个性化定制服务、专属特权服务。

1. 功能增强型增值服务

这类增值服务旨在为基本产品或服务增添更强大、更高级的功能。例如,一款免费的办公软件可能只具备基础的文档编辑功能,但通过购买增值服务,用户可以解锁诸如高级数据分析工具、复杂的格式编辑选项、多人实时协作等更强大的功能。又如,在一款在线游戏中,免费玩家可能只能体验基础的游戏内容,而购买功能增强型增值服务的玩家则能够获得额外的游戏道具、更高的角色属性提升或者专属的游戏地图等。

在实施这类服务时,要注意以下几点:

(1) 了解用户在使用基本产品或服务时遇到的痛点和期望的功能改进。

(2) 评估企业现有的技术团队、研发资源和合作伙伴,确定能够实现的功能增强范围。

(3) 根据用户需求和企业资源,确定优先开发的功能增强项目。

（4）确保增值功能与基本功能有明显的区别和优势。如提供更高级的算法、更广泛的兼容性或更便捷的操作流程。

2. 个性化定制服务

根据用户的需求开发定制化的服务，如一对一咨询服务、高级订阅服务等。以电商平台为例，它们为用户提供了个性化的商品推荐，能根据用户的浏览记录、购买历史和偏好设置，精准推送符合其兴趣的商品。

在开启定制服务时，要遵循如下一些策略：

（1）建立全面的数据收集系统，包括用户的基本信息、行为数据（如浏览、点击、购买、收藏）、反馈评价等。

（2）根据用户的特征和行为，将用户细分为不同的群体，如按照年龄、性别、地域、消费能力等维度来细分不同的群体。针对每个细分群体，制定特定的策略。

（3）与各类供应商、服务商建立合作，以获取更丰富的资源来满足用户的个性化需求。例如，旅行服务平台一般会与不同地区的酒店、景点、交通运营商合作。

（4）定期回顾和分析定制服务的效果，并根据用户的反馈和数据分析结果进行调整和改进。

3. 专属特权服务

为特定用户群体提供专属的特权和待遇，以增加用户的优越感和忠诚度。例如，某些电商平台为高级会员提供了专属的客服通道，以保证快速响应和解决问题；社交平台为付费会员提供专属的勋章标识、更高的发布频率限制或者优先推荐展示等特权；金融服务机构为高净值客户提供专属的投资顾问服务、优先的理财产品购买权以及更优惠的手续费率；等等。

设置特权服务需注意以下几点：

（1）设计独特且有吸引力的特权。开展市场调研，了解同行业或类似企业提供的特权，力求创新和推出差异化产品或服务。

（2）建立清晰的特权等级体系。设立多个特权等级，让用户有明确的晋升目标和动力。不同等级对应不同程度和范围的特权，等级越高，特权越丰富和优厚。

（3）优质的服务执行。确保特权服务的承诺能够切实兑现，提供高效、优质的服务体验。

（4）收集用户的反馈和意见，了解他们对特权服务的满意度和改进建议。根据用户需求的变化和市场竞争情况，定期对特权服务进行调整和优化。

在流量红利逐渐消失的今天，增值服务成了企业拓宽盈利边界的关键。好的增值服务不仅能够为平台带来新的盈利机会，还能提升用户体验和用户忠诚度。

流量分成：共享互联网红利

流量作为衡量平台活跃度的重要指标，不仅是平台吸引投资、提升估值的关键因素，也是内容创作者获取收益的重要来源。随着商业模式的不断创新，流量分成机制正逐渐成为平台与创作者共享互联网红利的有效途径之一。

所谓流量分成，是指平台方将自身的流量资源与内容生产者、服务提供者等合作方进行分享，并根据合作内容的流量表现进行收益分成。这种模式的精髓在于"共赢"，平台方可以借此扩大用户群、提升用户黏性，而内容生产者或服务提供者则可以通过平台的流量优势获取更多曝光和收入，实现流量变现。

流量分成背后的原理，是基于资源的共享和价值的共创。当大量的用户流量汇聚在某个平台或内容上时，就产生了商业价值。平台与内容创作者、合作伙伴等分享这部分价值，就能激励他们创造更优质、更吸引人的内容，从而形成良性循环。

例如，一个热门的社交媒体平台，拥有海量的用户活跃度。广告商愿意在这个平台投放广告，因为他们的平台能获得广泛的曝光。平台将广告收益的一部分按照一定规则分给内容创作者，创作者就有了动力去创作更多优质内容，以吸引用户，用户增多又吸引更多广告商，如此循环。

流量分成作为一种将流量变现的模式，不仅为平台方带来了更多有关优质产品和服务的内容，也为内容创作者和服务提供者提供了更大的发展空间。下面，我们将深入了解流量分成的优势、具体分成方式，以及一些常见的策略，以便读者朋友们能更好地理解如何通过这一模式实现双方共赢。

1. 三大优势

流量分成的优势主要体现在以下三个方面：

（1）提升平台价值，扩大用户规模。平台方通过流量分成，可以吸引更多优质内容和服务入驻，这就为用户提供了更多选择，也就提升了平台的价值和吸引力。例如，短视频平台通过与内容创作者分成，激励他们创作更多优质产品或服务的内容，从而吸引更多用户加入平台，形成良性循环。

（2）降低获客成本，提高用户转化率。传统模式下，平台方需要花费大量的资金进行用户获取，而流量分成则可以将部分获客成本转移到内容生产者或服务提供者身上。他们会更积极地推广自己的内容或服务，吸引更多用户，从而降低平台方的获客成本，提高用户转化率。

（3）提高用户黏性，提升平台效益。优质的内容和服务能够留住用户，提高用户黏性，从而提升平台的效益。流量分成模式鼓励内容生产者或服务提供者不断优化内容或服务，提升用户体验，进而提升平台的用户留存率和活跃度。

2. 分成方式

常见的流量分成方式主要有以下几种：

（1）广告收益分成。这是最常见的方式。平台展示广告，并根据内容带来的广告曝光、点击等指标，与创作者分享广告收入。例如，视频平台根据创作者的视频播放量、广告展示次数等，给予创作者相应比例的广告分成。一些知名的视频创作者通过持续创作优质介绍产品和服务的内容，获得了可观的收入。

（2）付费会员分成。对于有付费会员制度的平台，会员费用也会按一定比例分给相关的创作者或合作伙伴。例如，一些知识付费平台，会根据创作者贡献的内容质量和受欢迎程度进行分成，以激励创作者提供更专业、更有深度的知识内容。

（3）电商佣金分成。创作者通过在内容中推荐商品并引导用户购买，从而获得销售分成。例如，美妆博主在直播中推荐化妆品，用户通过其专属链接购买，博主就能获得相应的销售提成。

（4）打赏分成。用户对喜欢的内容进行打赏，平台与创作者按约定比例分配打赏金额。例如，在直播平台上，观众给主播送礼物打赏，主播和平台会对打赏进行分成。

（5）流量数据分成。根据内容产生的流量数据，如浏览量、播放量、下载量等，平台给予创作者一定的收益分成。例如，在一些文档分享平台，若作者上传的文档被大量浏览和下载，作者就能获得基于流量数据的分成。

3. 常用策略

流量分成的策略与方法是实现流量有效变现的关键所在，因此需要依据平台自身的特点、目标用户群体、内容类型以及市场竞争态势等采用相应的策略。通常，在制定流量分成策略时，要重点考虑如下几个因素：

（1）明确流量分成比例。根据平台的规模、用户规模、内容质量等因素，合理设定流量分成比例，既要保证平台不断提高盈利能力，也要吸引内容生产者或服务提供者的积极参与。

（2）制定清晰的流量分成规则。明确流量计算标准、收益分配方式、结算周期等规则，以确保流量分成的透明度和公平性，并建立良好的平台信任关系。

（3）完善流量监测和管理体系。建立完善的流量监测和管理体系，实时监控流量变化，并以此及时调整分成策略，从而来保证平台的良性发展。

（4）构建多元化的流量分成模式。根据不同内容和服务类型，制定差异化的流量分成模式，以满足不同合作方的需求，并提升平台的吸引力。

例如，将广告营销、会员订阅等元素进行融合，形成更加多元化的流量变现体系，不仅能满足不同用户的需求，还能提升平台的盈利能力。

流量分成模式是分享互联网红利，实现多方共赢的有效途径。它打破了传统的收益分配模式，使参与者不再是孤立的个体，而是紧密相连的利益共同体。

电商引流：从点击直达购买

"如何第一时间将流量转化为实际的购买行为？"这或许是每一个电商平台和商家做梦都在思考的问题。的确，传统的广告投放、内容营销等手段，往往存在转化率低、成本高等问题。近年来，随着互联网技术的发展，一种新的变现模式正在崛起，它极大地提升了转化率。用一句话说，就是"电商引流"，它可以促成"一键式成交"。

这种模式的核心在于，通过优化用户体验，将用户从最初的点击行为，直接引导至购买页面，从而实现快速成交。

例如，某短视频平台积极推广"短视频购物"模式，通过短视频的方式生动地展示产品的特点、功能和使用场景，吸引了用户的注意力，并提升了产品的"种草"效果。用户可以通过观看短视频，直接了解产品信息，并且平台会在短视频下方或弹出的窗口中直接提供商品链接，让用户在观看视频的时候就可以轻松点击链接进入购买页面，而无须离开当前页面，这就极大地方便了用户的购物体验。

以一款智能手环为例，某知名博主通过一系列创意短视频展示了这款手环的功能和使用场景，如健康监测、运动记录等。在视频末尾，博主明确指出了产品的独特卖点，并附上了购买链接。由于该视频内容具有很强的吸引力，很多用户在观看后直接点击链接完成了购买。这种从点击到购买的一站式购物体验不仅提高了用户的满意度，还显著提升了产品的转化率。

这种"点击直达购买"的模式，不仅简化了购物流程，为用户提供了便捷的购物体验，也为商家和内容创作者提供了一条高效的变现路径。

在实操中，如何才能更好地发挥这种模式的优势，进一步提升电商引流的效果呢？这需要把握好四个关键。

1.精准流量获取

通过平台数据分析，锁定目标用户群体，进行精准的广告投放，如用户画像、兴趣标签、行为数据等。同时，通过优质内容吸引目标用户，如产品测评、用户使用体验分享、专业知识讲解等，使用户对产品产生信任心理，并引导用户点击进入商品页面。例如，美妆品牌完美日记通过抖音平台发布美妆教程视频，吸引了大量用户观看和点赞，并通过视频中的产品链接引导用户点击购买，实现了流量的高效变现。

2.提升商品页转化率

在提升商品页转化率方面，要做到以下几点：首先，打造清晰简洁的商品详情页，将产品信息、图片、视频、用户评价等内容清晰地展示出来，使用户能够快速了解产品，从而激发其购买兴趣。其次，要突出卖点和优势，如产品的性价比、独特功能、设计理念等，以吸引用户关注并促使其产生购买意愿。最后，设置限时优惠，运用限时优惠、满减活动等促销手段，刺激用户立即购买，进而提高转化率，例如，京东平台就在商品详情页中增加了"限时秒杀"功能，通过限时优惠和抢购机制，有效地提升了商品的转化率。

3. 优化购买流程

在优化购买流程时，要特别注意以下几个方面：一是简化购买流程，提供便捷的操作，减少用户在购买过程中的烦琐步骤，如实现快速登录、一键支付以及物流信息跟踪等功能。二是提供多种支付方式，支持支付宝、微信、银行卡等多种常见支付手段，以方便用户根据自身习惯选择支付方式。三是完善物流配送服务，为用户提供快速且安全的物流服务，以确保用户能够按时收到商品，从而提升用户的整体购物体验。

4. 增强用户黏性

建立会员体系是增强用户黏性的有效方式之一。通过构建这一体系，能够为忠实用户提供专属福利和服务，像会员折扣、积分返利、优先发货等，进而提高用户的留存率。除此之外，要提供优质的售后服务，用心解决用户在购买过程中遭遇的问题。

电商引流不仅是吸引用户访问那么简单，想要达到让用户点击后就产生购买的冲动，就必须在为用户提供优质的产品和服务的同时，从流量获取、商品页优化、购买流程简化以及用户黏性增强等多个维度来制定策略。如此，才能将更多访问者转化为忠实顾客，并实现从引流到购买的高效转化。

第八章
高阶运营：突破利润及复购率增长的瓶颈

从可持续盈利的客户关系到开启价值创造的"速度模式"，再从IP跨界到口碑营销，从思维矫正到策略升级，本章将引领你探索更深层次的商业逻辑，并为你揭示突破瓶颈、实现持续盈利的全域流量运营策略。

打造可持续盈利的客户关系

随着流量红利的逐渐消退，获客成本正不断攀升，企业面临着前所未有的挑战。单纯依靠短期促销和低价竞争已无法实现长期盈利。如何打造可持续盈利的客户关系，已成为企业生存和发展的关键。

传统的客户关系管理往往只关注交易本身，而忽视了客户体验的重要性。现代消费者期望品牌能在他们所处的多种渠道中提供一致且高质量的服务。因此，为了实现可持续的盈利，我们就要将重点从单次交易转移到构建持久的客户关系上。

某享誉全球的化妆品品牌通过对线上线下渠道的有效整合，顺利地提升了客户的体验感以及品牌的忠诚度。该品牌推出了一项极具创新性的虚拟化妆试用服务，让顾客能够在其网站或移动应用上进行试妆操作，之后顾客可以选择在线上直接购买产品，或者是前往线下店铺亲身体验。与此同时，此品牌借助CRM（客户关系管理系统）对客户的偏好进行追踪，并且在所有的渠道均提供定制化的推荐服务。如此一来，客户无论通过哪一个渠道与品牌接触，都能够享受到极具个性化的专属服务。最终，该品牌的客户复购率以及生命周期价值都有了显著的提高。

对于企业来说，如何打造可持续盈利的客户关系呢？这需要做好以下四方面的工作。

1. 了解并细分客户

了解客户是构建可持续盈利关系的基础。通过市场调研、数据分析工具及客户反馈系统,可以深入了解客户需求、期望和痛点。建立客户知识库,并不断更新,以便制定针对性的商业决策。例如,某美妆品牌通过大数据分析,将客户细分为不同群体,并针对不同群体提供个性化护肤方案,显著提升了客户满意度和复购率。

2. 构建客户全生命周期管理

这一系统旨在通过深入了解客户需求、优化客户体验以及建立持久的客户关系来最大化客户价值。从潜在客户的初次接触,到成为忠实客户,乃至防止最终可能的流失,企业需要制定一系列策略和措施来确保每一个环节都能为客户提供卓越的服务和体验。

比如,某电商平台通过先进且强大的 CRM 系统,详细而精准地记录了客户的每一次购买行为、细致入微的浏览历史以及具有重要参考价值的反馈信息等。然后,依据这些丰富而全面的数据,该平台展开了深入的分析和处理,进而对客户进行科学合理的分层管理。对于处在不同层级的客户,该平台能够有针对性地提供独具特色且贴合其需求的个性化服务。

3. 提供卓越客户服务

卓越的客户服务是建立客户忠诚度的关键。企业应建立快速响应机制,提供个性化解决方案,并在售后服务中持续跟踪客户反馈,不断优化服务流程。比如,当客户在观看直播的过程中产生疑问时,客服能够迅速、准确地给予解答,帮助客户消除顾虑,作出购买决策,会极大地提升客户的满意度,使得客户不仅愿意再次购买,还会将品牌推荐给身边的人,从而有效提升品牌的复购率和口碑传播效果。

4.增强情感连接

定期举办新品发布会、社区活动或庆祝活动,可以保持与客户的互动关系,增强品牌黏性。同时,通过促销活动刺激购买欲望,提升产品销售额。例如,某厨房小家电品牌在大促期间,通过全域推广结合优惠券和限时折扣,实现了成交总额的爆发式增长。再如,某酒店通过定期举办会员活动,如主题晚宴、节日庆典等,与客户建立情感上的联系,增强了客户的忠诚度。

综上所述,要打造可持续盈利的客户关系,必须重视每一位客户在与企业接触过程中的每一个环节。未来的商业竞争中,那些能够提供卓越客户体验,并通过全域流量管理建立持久关系的品牌,将更容易实现可持续的盈利和市场的领导地位。

速度模式:做好"时间差"的生意

做生意,如果能悟透老祖宗留下来的一条规则,明白如何利用时间,善于打"时间差",那么赚钱也就显得不那么难了。这条规则源自古籍《国语·越语》,其原文为:"臣闻之,贾人夏则资皮,冬则资绨,旱则资舟,水则资车,以待乏也。"后人将其浓缩成了八个字,即:"旱斯具舟,热斯具裘。"

这是什么意思呢?大意是说,当长期干旱、土地干裂的时候,可以着手兴工造船,为即将到来的雨季所带来的机遇做好准备;当处于盛夏高温、酷热难耐之际，可以收购裘毛皮、开办皮革行，以迎接可能突然到来的寒潮所带来的机遇。只要掌握了这种依靠打"时间差"的赚钱窍门，就不必担忧没有机遇，更不必害怕发现机遇后又让它溜走。相传"商圣"范蠡及其"老师"计然，还有被司马迁尊称为"治生之祖"的大商人白圭，都是凭借这种技巧发家致富的。

由此可见，人们早就知道，做生意要善于打"时间差"。时间差打得好，不但能精准地把握市场变化规律，减少资金投入，还能增加成功的概率。

这种打"时间差"的理念也体现在如今的生意场上，特别是在深受技术趋势和流行趋势影响的行业中。产品就如同鱼市里的鱼，渔夫抓到鱼后，若能在第一时间将其卖给高端饭店，价格无疑是最高的；倘若第一天未能售出，第二天就只能以半价卖给二流饭店；要是第三天依旧没卖出去，鱼的价格就只能是原来的 1/4；再往后，鱼变成了干鱼片，就完全失去了价值。

面对此类产品，用户往往倾向于购买最新的。因此，产品的利润主要聚焦在上新后的前几个月，甚至是前几周。如果不能保持创新的速度，你的利润就会被竞争对手所蚕食。

赶在对手之前推出新产品，在被对手模仿之前，凭借时间差来赚取利润。这样的利润模式，我们称之为速度模式。

在全域流量运营中，速度模式意味着能够在竞争对手之前捕捉到市场的需求变化，率先推出满足这些需求的产品或服务。当你比别人更早地察觉到某种趋势或用户需求时，并且迅速行动，就能在短时间内占据市场的先机，获取更多的流量和更高的转化率。

例如，在某个新兴的社交平台刚刚兴起时，如果你能够提前布局，建立品牌账号，积累粉丝，那么当这个平台逐渐成为主流，你就已经拥有了大量的关注和信任，相比后来者，你能够以更低的成本获取更多的流量，从而实现更高的利润。

因此可以说，在速度模式下，利润＝时间差。尤其当你身处一个以速度为竞争关键、依靠时间差来赚取利润的行业，那么技术的投入就如同燃油，必须加最优质的油，而且要把油箱加满，如此你的车才能够高速驰骋。

在流量运营中，要把握好时间差，需要把握好以下四个关键点：

1. 敏锐的市场洞察力

要时刻关注行业动态、社会热点和技术发展趋势，并善于从细微的变化中发现潜在的机会。利用数据分析工具，监测用户行为和需求的变化，提前做好准备。

2. 快速行动

一旦发现机会，就要迅速制定相应的运营策略，推出产品或服务。优化网站页面、制作吸引人的内容、开展营销活动等，都需要在最短的时间内完成，以抢占流量的制高点。

3. 持续优化

在利用时间差获取初步成功后，不能停滞不前。要持续监测数据，并根据用户反馈和市场变化，对产品或服务进行优化和改进，从而保持领先优势。

4. 建立壁垒

为了防止竞争对手迅速跟进，需要通过技术创新、品牌建设、用户体验优化等方式建立竞争壁垒,增加用户的转移成本,巩固自己的市场地位。

从现在起,不要想着花更多的时间去赚钱,而要改变一下观念,学会用最短的时间去赚更多的钱。真正的高手,其实是在别人尚未留意之时,就已经赚钱了,因为他们懂得利用时间差来盈利。

IP跨界:打造多元化的品牌联结

跨界,简单来说,就是从一个行业跨到另一个行业。特别是在进入互联网经济时代后,"跨界之风"大有越刮越烈之势,各个独立的行业主体,相互之间不断融合、渗透,创造出了很多新的经济元素,上演着一幕幕跨界大戏。

在万物皆可联的今天,IP的商业化需要借助渠道、产品、内容、品牌整合营销才能发挥其效能,而现象级的IP营销大多为跨界合作的产物。IP跨界的最大好处,就是可以让原本毫不相干的元素相互渗透、相互融合,进而为品牌营造一种立体感和新鲜感。

平时,我们受刺激场景影响释放出很多的多巴胺,多巴胺又反过来让我们不由自主地再去追求刺激场景。某种刺激释放出的多巴胺越多,刺激的感觉也就越强烈。心理学家将这类行为称作"追求震撼"。

2019年上半年,优衣库与KAWS的跨界合作,算得上是一个典型的"追求震撼"案例。优衣库打出了这样的告示:

"每人限购两件。"

"最后一次联名。"

不到一百元的衣服硬生生被炒至几百元，即使如此，不少人还是因为没能抢到一件T恤而感到愤愤不平。优衣库的这波操作，既吸引了大家的眼球，也赚足了钱，可谓名利双收。

这里要说的是，能够使疯狂的消费者的多巴胺达到某一阈值的媒介，正是IP。在这个案例中，优衣库通过IP跨界，实现了品牌的低成本、跨平台传播。与此同时，还引爆了市场话题，实现了流量的迁移。

如今，越来越多的品牌正在放弃单一的IP营销，开始追求IP跨界，相关的案例俯拾即是，但是，很多品牌"自嗨"之后，只留下了一地鸡毛。显然，这是因为一味跟风、炒作，"姿势"不对所致。那要想玩好IP跨界，应该保持怎样的"姿势"呢？

1. IP形象要契合品牌形象

如果品牌形象与IP形象高度契合，那它的不可复制性就很强。品牌方一般是比较喜欢进行这样的IP跨界的，毕竟操作起来也很简单，使IP价值与品牌进行交融即可。在这方面，比较经典的案例是，小黄车与小黄人的跨界合作。

在大多数人看来，二者之间有一个天然的共性，那就是"黄"色。在共享单车颜色大战中，ofo小黄车早已将"黄色"这一品牌色调深深烙在了用户的心中，联姻以"黄"著称的小黄人，着实让人有种莫名的喜感。除此之外，二者的名称也比较匹配，一个叫"小黄车"，一个叫"小黄人"，仅有一字之差，读起来很上口，易于用户自发传播。当然，ofo小黄车也紧紧抓住了这两点匹配基因，将小黄人的呆萌形象引入到了新一代ofo小黄车的产品设计中。

根据小黄人的形象，推出"ofo大眼车"这一形象，当小黄人呆萌、撩人的一双大眼睛出现在车把前时，别有一番趣味。与此同时，在传播过程中，还辅以小黄人造小黄车等趣萌的故事，使这种跨界一时间成为人们的美谈。

2. 搭建渠道，进行品牌桥接

在现实中，天然绝佳型IP跨界并不多见，更多时候需要品牌采取一些讨巧的方式。例如，通过场景化转移，搭建衔接桥梁实现IP赋能就是其中的一种。飞猪是阿里巴巴旗下的一个品牌，它与网易动漫旗下的国漫IP合作就属于此类。光看外在，二者之间似乎没有相似的地方，也无任何契合度，但是，"二次元同款路线"这一场景巧妙地将它们"桥接"到了一起。

针对飞猪推出的二次元同款路线日本游，《赤铁之心》《控妹狂战记》《嗜谎之神》等多部漫画人物出面代言，而且还有同人海报、漫画番外篇以及看漫画找彩蛋等多重互动，从而让用户体验了一次特别的二次元美食之旅。

同时，飞猪也出现在了二次元的IP世界中，漫画家以笔下的《赤铁之心》《控妹狂战记》《杀手古德》IP为代表，结合飞猪的形象，为此次日本二次元美食之旅特别定制了漫画番外篇。除此之外，飞猪与一些美食元素还出现在了其他的漫画作品中，用户在阅读漫画时就能够找到它们，并且可以同网易漫画官方微博进行互动。

飞猪品牌通过这次IP跨界，迅速拉近了与年轻用户群体的情感联系。

3. 联合电商，解锁新式玩法

近几年，"带货"已成为一个高频词。不仅很多企业开始通过直播来销售产品，而且很多网红、明星也都开始直播带货。除此之外，还有一些时尚节目也开始"带货"。这种现象的背后,是品牌与电商平台合作的新型营销模式——通过联合电商,解锁了一系列新颖的玩法,为消费者带来了更加丰富和有趣的购物体验。

IP跨界营销追求的是1+1＞2的效果,跨界的幅度越大,越能迸发出新的色彩。在IP跨界发展过程中,很多企业都收获了很多流量与好的口碑,既宣传了品牌文化,提升了品牌影响力,也摸索出了一条新的变现路径,可谓一举多得。

口碑营销:全域增长的关键密码

口碑是关于品牌的所有评述,是关于某个特定产品、服务或公司的所有人们口头交流的总和。也就是说,别人对你的评论就是你的口碑,这是一个从发声—传播—接收的循环过程。

为什么要进行口碑营销?俗话说,"金杯银杯不如老百姓的口碑,金奖银奖不如老百姓的夸奖"。我们再来看一组专业的数据调查,有调查数据显示:七成的网民在网上购物时,会参考其他买家对所购商品与商家服务作出的评价;超过九成的大公司相信,朋友推荐和其他买家意见会影响消费者的购买决定。

作为一种基于用户真实反馈和分享的推广方式,口碑营销正逐渐成为品牌实现全域增长的关键密码。它不仅能够帮助企业建立客户的信任关系,还能够在社交媒体、社区论坛等各个渠道中形成正向循环,吸引潜在客户并促进其转化。

曾经有这样一位女网红，集才华与美貌于一身，不但有很多媒体争相报道她，而且不少品牌都主动找她合作，其中不乏阿里巴巴、全球购物、土豆、新浪等这样重量级的公司与媒体。

她为什么会火？她又是怎样叫响个人口碑的呢？

起初，她只是一个喜欢在网络上发照片、视频的博主，同时经营一家淘宝小店，但因为她的一个视频风趣幽默，加上本人形象天然出众，很快便在网络上走红，受到众多网友的追捧。此后，其个人形象与事迹也开始陆续在一些贴吧、论坛等平台上流传开来，借助自身品牌形象和口碑的迅速提升，她店铺的生意也越来越好。

不论个人还是企业，要建立良好的口碑，首先要塑造正面积极的形象，并借助网络社交和内容平台展示自我，打响知名度，从而建立受人欢迎的品牌形象。然后通过活动内容形式来增加消费者的好感和讨论度，让品牌在口口相传中不断扩大影响力，提高美誉度，形成良好的口碑。最终，要促使这种口碑转化为用户实实在在的购买力和消费行为。所以说，低成本、高效率是口碑营销最大的优势。

如何进行口碑营销，把客户变成积极的品牌推广者呢？可以参考下面几种方法。

1. 识别并锁定你的影响者

影响者是指那些活跃于自媒体或各大新媒体平台，并能推广你的消息和品牌的人。如今，消费者更信任第三方，而不一定信任品牌。将正确的消息传递给有影响力的第三方是一种新的市场营销方式，如果操作有效，可以让你的企业传播度得到爆炸式的增长。

比如,当年利洁时发现其滴露品牌的消毒液很难在中国以外的地方开拓市场,而且公司花大价钱做了一些电视广告,却并未产生预期的效果,没有有效提升品牌的知名度。于是利洁时便开始求助于口碑宣传,开展了一个针对母亲影响者的口碑营销活动。

利洁时向 4000 位母亲分发了 48000 份样本,每位母亲以及她们的十多位朋友会收到一份套装产品,结果这项活动获得了空前的成功,只用了短短 5 个月的时间,就极大地提升了品牌的知名度。

2. 找一个有影响力的话题

所有的口碑都是从一个交流话题开始的,任何能抓住人们注意力的事物都可能成为一个大众化的谈论话题。口碑话题不是企业正式的营销宣传内容,也不是正式的品牌说明,它只是一个简单的信息。通过这一信息,可以引起人们的兴趣和谈论。

有影响力的话题要简洁明了、朴实自然、方便快捷,值得一提的是,出色的话题都是出人意料的。划算的特价销售、卓越的客户服务、做些幽默的"囧事"、与慈善机构建立伙伴关系,都是不错的口碑话题。另外,有意思并可以重复的广告、"病毒型"活动、向顾客提供免费信息、荒谬的广告噱头、卓越的产品、鲜明的产品特色、美妙的购物体验,都可以使你的产品成为大家谈论的焦点。

一旦拥有了一个成功的话题,并逐渐产生有影响力的口碑,接下来就必须努力维持好话题,以确保话题新鲜,并确保人们的谈论热情一直持续。

3. 引导顾客进行体验式消费

所谓顾客体验,即指顾客与企业产品、人员和流程互动的总和。也就是让顾客置身于生产制造的全过程,或者让顾客切身享受消费的乐趣,从而形成"以自己希望的价格,在自己希望的时间,以自己希望的方式,得到自己想要的东西"的强烈消费欲望。体验式消费所带来的感受是深刻难忘的。

4. 完善售后服务,赢得良好口碑

一家公司,即使口碑再好,也难免会得到负面评价。如在一些大型的购物网站上,我们经常会看到某公司的某件商品物美价廉,销量巨大,即使售前、售后、物流等各个环节都做到极致,好评度仍然难以达到100%。

也就是说,不管做什么事,你做得多好,也永远不可能让所有人都满意,我们要做的就是尽可能降低对方的不满意度。对企业而言,关键是做好服务,尤其是售后,在客户遇到问题时,一定要多从维护公司口碑的角度出发去解决问题。

如今,很多公司在销售产品、推广品牌的时候,只注重指标和成交,不注重口碑。这么做的结果就是:不但流量上不去,销量上不去,客户忠诚度还下降了。反之,良好的口碑不但会带动产品销量上涨,而且顾客也愿意自发性地为企业做品牌推荐。

校正思维:别用老脑筋做新生意

人与人之间最大的区别,就是思维方式。思维方式不同,做事的方式也就不同。一个老板如果想改变自己的状态,必须先改变自己的思维方式,特别是其在抱怨生意不好做、钱难赚的时候,要多拍拍脑门想一想:"是不是我的思维出了问题?"

许多时候，不是生意难做，是你的思维没跟上。如今，做生意必须要有流量思维。你不一定非要成为网络大咖，要圈多少粉，要去搞直播，但至少得清楚：没流量就没有生意，有流量也未必有生意。怕的是脑子里没货还不愿意学，不愿意改变，整天痛苦得要死。这样，你就真的可能没有好做的生意了。

A先生在餐饮行业干了七八年。2020年8月，他决定创业，在某省会开了一家米粉店。经过前期的市场调查，他发现当地的米粉店非常少，虽然一碗的价格在15元左右，但销量都还不错。这坚定了他的信心。

他走街串巷，开始寻找合适的门面。很快就找到了一个中意的旺铺。这个旺铺在一家大型超市的就餐区，人流量非常大，当然租金也不便宜，30平方米的面积一年要30万元租金。就在他纠结要不要租下来时，朋友给他算了笔账：

"一年租金30万元，分摊到每个月才2万5千元。一碗米粉的利润按10元算，平均一天卖200碗，一个月就能赚6万元，扣除租金、人工成本，还是比上班划算得多啊。"

A先生一想，这话没毛病，做生意不就讲究地段嘛，于是把这个店面租了下来。

很快，他的米粉店就开业了。

刚开始，为了做活动，他一碗只卖8元，还送一罐饮料，算是赔本赚吆喝，即便如此，一天的销量也不过200多碗。促销活动一停，销量直线下跌，一天只能卖出七八十碗。

他苦苦支撑了3个月，最后只能关店，并把它低价转让了出去。

在这个案例中，A先生一直在用传统的思维做生意：开店一定要找人流量大，地段好的旺铺。这种想法本身没错，毕竟位置偏僻，人流量少的地方，赚钱机会更小。但是，如今是互联网时代，线下生意越来越多地搬到了线上，人们不再青睐线下的重资产模式，而是注重线上流量。

如果你的招牌过硬，在线上有一定的美誉度，即使把店开在犄角旮旯，也会有人慕名而来，"酒香不怕巷子深"。

三年前，侯先生开了一家炸鸡店，他打出的口号是"做史上最强的炸鸡"。从开业那天起，生意就好得不得了。他的店位于一个类似城中村的地方，只有10多平方米，租金一年2万多，装修一般。平时，店外总是排着长长的队伍，而且外卖小哥也在催促个不停，3个店员从早忙到晚，连喝水的工夫都没有。

侯先生主要做线上销售，价格不高，一天平均卖200多单，好的时候卖300单左右，每个月的净利润有十几万元。如今，他已经开了6家分店，并且每家的生意都非常好。

他成功的秘诀是什么？

侯先生说："在开店之前，我是一位美食博主，那时我的微博已经有100多万的粉丝了。开店后，我又在抖音开了直播，两年的时间，粉丝量就涨到了200多万，是这些粉丝支撑起了我的生意。"

侯先生的店面算不上是旺铺，但生意非常红火，为什么？因为他懂流量！特别是在餐饮行业，只要你线上营销做得好，能把自己的名气"炒"起来，生意便会不请自来。

在全域流量时代，思维一定要走在流量的前面，永远不要用过去的流量思维做现在的生意。如今，流量的来源和分布越发多元化和碎片化。社交媒体、短视频平台、电商平台、搜索引擎等，每个渠道都有其独特的流量特点和用户行为模式。如果仍然固守过去单一渠道、单一模式的流量思维，必然会在这个复杂多变的市场中处处碰壁。只有不断地更新思维，紧跟时代步伐，以创新和灵活的策略应对流量的变化，才能在激烈的市场竞争中立于不败之地。

策略升级：别卖产品，卖方案

在商业世界中，做生意的方式看似相似，实则大相径庭。同样是在进行售卖活动，有的人选择卖产品，有的人专注于卖技术，有的人着力于卖模式，还有的人侧重于卖股权。最终你会发现，卖什么都不如卖方案。

不管是卖产品、卖技术、卖模式，还是卖股权，都存在一定的局限性和不确定性。产品可能会面临激烈的市场竞争和快速的更新换代，技术可能会被突破和替代，模式可能会因市场变化而不再适用，股权的价值更是受到众多复杂因素的影响。

卖方案，则强调从客户需求出发，将产品与客户的需求、痛点和目标紧密结合，从而为客户提供个性化的解决方案。这是一种"以客户为导向"的销售策略，其核心是为客户创造价值，实现客户的最终目标。

在某市，有一位经营老鸭店的周老板。起初，他开了一家店铺售卖产品，每日的营业额在3000元左右，一天下来大概赚1000元。

一次偶然的机会，他在青岛即墨服装市场里设立了一个摊位销售产品。由于那里人流量很大，所以生意颇为红火，收益颇丰。随后，陆续有人主动向他求教，这让他萌生了售卖配方的念头。于是，他开始涉足短视频营销领域，每天发布自己的短视频，专注于技术培训。在1年的时间里，累计吸引了近200人参加培训，每人费用5000元，因此，赚了100万元。

根据此例，可以清晰地看到一组显著的数字对比：自己开店卖产品时，1 天平均盈利 1000 元，一年约赚 36 万元；当他从销售产品升级为售卖方案时，收入 100 万元，近乎增长了 2 倍。

无独有偶，在美国有一家制图公司，名叫美登。一个偶然的机会，公司察觉到，为客户印刷的 10 万份宣传材料，仅仅只有 1/4 被使用，剩余的都在客户的仓库里闲置着。原来，这些材料都是客户的总公司强制要求购买的，下面的人员根本不清楚这件事。

在发现客户的这一问题之后，美登为客户制定一整套促销方案，并与物料搭配着进行销售。他们向客户传授如何组装材料、如何摆放展示架，包括怎样进行降价等。凭借这项增值服务，美登在行业竞争中击败了 1000 多个对手，年营业收入从 500 万美元提升到了上亿美元。美登之所以能够比对手获取更高的利润，是因为其改变了产品的销售方式，从单纯卖产品转变为了卖解决方案。美登制图在售卖促销方案的过程当中，发现客户进行分销时需要数据辅助，于是建立了众多数据库，这就使它可以利用后台数据帮助客户精准地锁定用户。就这样，美登从一家制图公司成功转型成了一家通信公司。

售卖产品时，利润来源仅仅局限于产品自身，你与对手竞争所比拼的无外乎是价格和质量。然而，售卖解决方案则是围绕产品提供一整套的增值服务，从而顺带将产品售出。

对于产品体系较为复杂的行业来说，如果只是凭借产品本身去获取流量，那么就只能和对手在流量的争夺中陷入内卷的困局。唯有紧紧抓住用户关心的问题，并为他们提供能够有效解决问题的增值服务，才能够挖掘出全新的利润增长点。

怎样实现从单纯销售产品的模式，向销售包含产品及相关增值服务的整套解决方案这一模式转变呢？关键要把握好下面四个步骤：

1. 深入了解客户需求

不要局限于对产品特点的介绍，而是要与客户进行深入沟通，挖掘他们在使用产品过程中面临的问题、期望达到的目标以及他们的潜在需求。通过市场调研、客户反馈、案例分析等方式，可以全面掌握客户的痛点和愿望，从而为提供针对性的解决方案奠定基础。

2. 定制整合解决方案

基于对客户需求的深度理解，整合产品及相关的增值服务，设计出一套完整的解决方案。这可能包括产品的定制化配置、配套的安装调试服务、售后维护保障、使用培训指导，甚至是与产品相关的咨询顾问服务。

3. 打造成功案例与样板

在推行新的解决方案模式初期，要精心打造几个具有代表性和影响力的成功案例。同时，通过在短视频平台、公众号等渠道分享客户使用解决方案前后的显著变化和满意评价，来吸引更多潜在客户的关注。另外，可以与有影响力的网红、博主合作，让他们体验并分享解决方案的效果，从而借助其粉丝流量扩大影响力。

4. 优化销售与服务团队

对销售和服务团队进行流量思维的培训，使他们懂得如何利用社交媒体、内容营销等手段获取流量并转化为客户。培养销售人员在流量平台上进行精准推广和互动的能力，让服务人员能够及时响应流量带来的客户咨询和售后需求。建立基于流量效果的考核机制，激励团队不断提升获取和转化流量的效率。

综上所述，从"卖产品"到"卖方案"的策略升级，要求企业深入理解市场需求，创新服务模式，整合资源，并通过持续优化来提升服务质量。

第九章
超级迭代:流量思维驱动用户爆炸式增长

流量即生命线,用户则是生命线的根基。要实现用户基数的指数级增长,须采取一种全新的策略——存量带增量,实现裂变式增长,即在流量思维的加持下,以几何级数的速度推动用户群体的扩张和业务的增长。

闭环思维：构建无缝的业务循环链

闭环思维，就是将用户在与企业互动过程中的各个环节，如品牌感知、产品体验、购买决策、售后服务等有机地串联起来，形成一个闭环系统。在这个系统中，每个环节都相互关联，相互影响，并最终共同推动用户价值和企业价值的增长。

京东是一家知名的电商企业，其从一开始就将闭环思维融入自身的发展战略之中。京东通过自营模式，构建从供应链、仓储物流到售后服务的全链路闭环。采取的具体措施主要有：

在供应链方面，京东与众多品牌商建立了直接合作关系，深入源头采购，严格把控商品品质，并确保所售商品的正品率和质量的可靠性。同时，利用大数据分析预测市场需求，实现精准的库存管理，减少库存积压和缺货现象。

在仓储物流方面，京东投入大量资金建设自有仓库和物流配送体系。在全国各地布局仓储中心，实现了商品的就近存储和快速配送。其自主研发的物流管理系统能够实时监控货物运输状态，优化配送路线，这就提高了物流效率，并保证了商品能够及时、准确地送达消费者手中。

在售后服务环节，京东设立了专业的客服团队，提供7×24小时的在线服务，及时响应了消费者的咨询和投诉。对于退货、换货等售后问题，京东制定了明确且便捷的流程，让消费者能够享受到无忧的购物体验。

通过以上一系列具体措施，京东成功打造了全链路闭环，有效地提升了用户体验，降低了运营成本。

在运营实践中，企业该如何结合自身实际，构建一套无缝的业务循环链呢？关键要把握好下面五个环节。

1. 流量获取

闭环思维要求企业在流量获取阶段就注重用户画像和需求分析，通过精准的定向投放，吸引目标用户。例如，短视频平台通过分析用户的观看习惯和兴趣爱好，进行精准推荐，提高了用户转化率。

2. 用户转化

在用户转化阶段，闭环思维强调提升用户体验，为用户提供高质量的内容和服务，引导用户完成转化。例如，电商平台通过提供完善的商品介绍、评价体系、售后服务等，提高了用户信任度，促进了转化。

3. 服务交付

在服务交付阶段，闭环思维强调高效、便捷的服务体验，以满足用户需求，提升用户满意度。例如，外卖平台通过优化配送路线、提供实时配送信息，提升用户体验，提高了用户留存率。

4. 用户留存

在用户留存阶段，闭环思维强调建立用户忠诚度，这可以通过个性化推荐、会员体系、积分奖励等方式，来提高用户黏性，并促进用户的再次消费。

5. 再度获取流量

在再度获取流量阶段，闭环思维强调利用对用户数据和行为的分析，进行二次营销,以吸引老用户再次消费,同时吸引新用户。例如,社交平台可以通过用户互动、口碑传播、社群运营等方式,扩大了用户群体,实现了流量的循环增长。

闭环思维是构建无缝的业务循环链,实现流量变现的破局之道。通过将流量获取、用户转化、服务交付、用户留存、再次获取流量等环节的紧密连接,形成一个完整的闭环,企业可以有效提升流量变现效率,并实现持续增长。

裂变营销:让影响力呈指数级增长

今天,信息传播的速度和范围已远超以往,品牌要想在纷繁复杂的市场中脱颖而出,就需要找到更具效率的营销方式。裂变营销,作为一种利用用户口碑传播来实现快速增长的策略,已经成为引爆流量营销的利器。

裂变营销,是指通过用户自发分享,形成口碑传播,实现用户数量快速增长的营销策略。其核心原理在于"裂变"二字,即以少量的种子用户为起点,通过合理的机制设计,来激发用户自发分享,并最终实现用户数量的指数级增长。因此,它也被认为是"病毒式营销"的升级版。

它的灵感来源于核物理中的裂变反应,即一个原子分裂成两个或多个较轻的原子时,会释放能量并产生更多可分裂的粒子,引发连锁反应。在营销领域,这意味着当一个满意的客户向他人推荐你的产品或服务时,就像一个原子的裂变,不仅增加了新客户,还激发了这些新客户进一步向更多用户分享的潜力。

裂变营销成功与否，主要取决于三个关键因素：一是用户价值。裂变营销的基础是用户价值，只有提供能够吸引用户、满足用户需求的价值，才能激发用户自发分享，这包括但不限于产品本身的价值、服务体验的价值、情感共鸣的价值等。二是传播机制。裂变营销需要设计合理的传播机制，来引导用户进行分享，这可以通过社交分享、奖励机制、游戏化设计等方式实现。三是用户互动。裂变营销注重用户互动，即通过用户之间的互动，强化传播效果，这可以通过用户评论、点赞、转发、群聊等方式实现。

裂变营销的常见模式有以下四种：

1. 邀请好友模式

邀请好友模式是一种基于用户社交关系的裂变方式。通过为用户提供邀请好友领取奖励、折扣等激励措施，可以激发用户主动将产品推荐给身边的朋友，从而实现用户数量的快速裂变式增加。

以拼多多为例，其著名的"砍价"功能堪称这一模式的典范。用户在拼多多上看到心仪的商品后，可以发起砍价活动，然后邀请好友帮忙砍价。每邀请一位好友砍价，商品价格就会降低一定金额，直至砍到最低价，甚至可以免费获得商品。这种模式巧妙地利用了用户渴望以低价甚至免费获取商品的心理，以及社交互动中的互助情感，促使用户积极邀请众多好友参与砍价。在这个过程中，不仅实现了商品的快速传播，还为拼多多带来了大量的新用户和流量。

此外，像外卖平台的"邀请好友得红包"、在线教育平台的"邀请好友免费试听课程"等活动，都是通过邀请好友模式成功实现用户裂变的典型案例。

2. 裂变海报模式

裂变海报模式是一种视觉冲击力强、信息传递更直接的裂变方式。精心设计具有吸引力的海报，在海报上清晰呈现产品的核心价值、独特卖点以及邀请好友的引导语，能够迅速吸引用户的注意力，并激发他们分享的欲望。

许多公众号都在巧妙地利用裂变海报进行用户裂变。例如，一些知识付费类公众号会设计精美的课程推广海报，海报上会突出显示课程的亮点、名师授课、限时优惠等信息，并附上"扫码邀请好友，一起学习"的引导语。用户看到海报后，如果对课程感兴趣，就会将海报分享到自己的朋友圈、微信群等社交平台，从而吸引更多潜在用户扫码关注和参与。这种模式借助海报的视觉吸引力和简洁明了的信息传达，能够在短时间内快速传播，吸引大量新用户。

3. 社群裂变模式

社群裂变模式通过建立微信群、QQ群等社群，将具有相同兴趣、需求或目标的用户聚集在一起，让他们形成了一个紧密的社交群体。在社群中，企业可以进行信息分享、互动交流和产品推广，从而实现社群成员的快速增长和传播。

例如，一些在线英语培训机构会建立学习交流群，邀请资深教师在群内定期分享学习方法、解答疑问，并发布限时优惠的课程信息。群内的老学员在感受到学习效果和优惠后，会主动邀请身边有英语学习需求的朋友加入社群。新加入的学员在社群的良好氛围和优惠活动的吸引下，更容易转化为付费用户。通过这种方式，教育机构能够不断扩大社群规模，并实现用户的裂变式增长。

4. 任务裂变模式

任务裂变模式通过设置简单易行且具有明确目标的任务，让用户在完成任务的过程中获得奖励，并鼓励他们将任务链接分享给好友，从而可以吸引更多用户参与，并实现用户裂变。

许多 App 都采用任务裂变模式来促进用户增长。比如，一些新闻资讯类 App 会设置签到任务，用户每天签到可以获得积分，积分可以兑换礼品或提现。同时，用户还可以通过分享签到链接邀请好友一起签到，以获得额外的积分奖励。另外，像一些社交娱乐类 App 会推出"分享动态邀请好友点赞""邀请好友注册送会员"等任务，以激励用户积极参与并邀请好友参与，从而实现用户数量的快速增长。

任务裂变模式的关键在于任务的设置要简单易懂、具有吸引力，并且奖励要能够满足用户的需求和期望。只有这样，才能有效地激发用户的参与热情和分享动力，并达到良好的裂变效果。

裂变营销作为一种高效的增长策略，正在改变着传统的营销模式。企业和个人可以通过运用裂变营销，实现用户自发传播，并以此引爆流量营销，实现指数级增长。但要注意，裂变营销的成功需要结合自身产品和用户特点来设计相关的策略，只有这样，才能实现真正意义上的流量增长。

品牌塑造：字号可以老，但不能老化

人们常说"岁月不饶人"，担心自己在岁月中逐渐老去，所以，会时常不经意地捏捏自己的皮肤，看看自己的头发，瞅一瞅自己的牙齿，以观察自己的身体机能是不是老了，或者说"还不算老"。

人可以老，但要保持活力；品牌可以老，但一定要防止老化。随着时代的变迁，消费观念的变化，以及产品迭代速度的加快与市场竞争的加剧，"老化"的品牌面临着越来越大的生存危机。

通常，判断一个品牌是否老化，可以考察其下面几个简单的点：

（1）看产品的主要消费群体。如果产品适合所有年龄层的人，但是实际使用者普遍年龄偏大，那就要注意了。

（2）销量是否过度依赖营销。如果停止打广告，销量会直线下降，那就说明消费者购买主要源于利益驱动，而非注重品牌，这有可能是品牌出现老化的问题。

（3）看与用户的链接度。如果与用户的互动较少，缺少分享，那用户的品牌忠诚度和认可度都不高，这也是品牌老化带来的一个问题。

（4）看核心团队的年龄。特别是团队的核心领导层，如果年龄偏大，而且缺少创新与新的思维方式，那这个品牌就很容易老化。

让品牌年轻化，不等于品牌年轻人化。形象地说，就是让品牌拥有年轻人一样的特质：个性、阳光、积极向上，这样就能使成熟品牌在衰落后实现变革和复兴，犹如一个人返老还童一般。可以说，如今的大多数上了"年纪"的品牌，都在做"年轻化"营销。这样的案例俯拾即是。

"六神"是个老品牌，旗下有多个系列的产品。从1990年第一瓶六神花露水上市到今天，六神花露水一直独占销售鳌头。即便如此，六神仍然在不断地深入挖掘并满足年轻消费者的需求，积极实现品牌的"年轻化"。

因为花露水历史悠久，在年轻消费者心中，"六神"是一个不折不扣的传统品牌。它是如何获得年轻人群的关注和喜爱的呢？

在分析过"90后""95后"年轻群体的夏日消费需求后，在传统渠道以外，该公司决定寻找新的年轻人聚集平台，并用他们喜欢的方式与其连接。六神是怎么做的呢？

早在2012年，公司就推出了《花露水的前世今生》动画片，以风趣幽默的方式讲述花露水的历史，得到了年轻人的普遍认可。之后，又相继推出"爱上夏天""裸夏"宣传视频，使六神品牌不断融入年轻人的夏天生活中。

2015年，六神品牌确立了全新的营销策略——以创新数字营销为主，整合传统媒介内容与线上内容，实现品牌的年轻化。

2018年，六神推出"六神随行，让夏天更带感"等一系列主题营销活动。同时，还在网络上掀起"带感浪一夏"话题，引起了网友的热议。

2019年夏天，六神又推出了"六神这夏起风了"一系列主题营销活动，并取得了不错的效果。

六神没有将"年轻化"作为一句口号，而是实实在在地让品牌多维度地融入年轻人的生活场景中，令他们产生良好的体验感，从而刺激他们对产品的需求。

每一种品牌都有它的生命周期，品牌年轻化的根本目的，就是帮助品牌恢复活力、延续青春，并让其可以在主力消费群体中持续活跃，不被市场与时代所淘汰。像六神这样能让传统用户不流失，让主力消费用户不断涌入，才是真正的"年轻化"。

当然了，品牌的年轻化不是一蹴而就的，而是一个自下而上、由内向外的过程。具体来说，就是要做到四个层次的年轻化。

1. 产品定位的年轻化

看一个产品是否年轻，不能只看它的标签。很多企业在搞品牌年轻化时，会习惯性地换标签，这种新瓶装老酒的做法，连改良都算不上，只能算是噱头。如此恶搞，非但不会吸引年轻的用户，还可能会让现有的用户流失。

这里所说的"年轻"，并不是特指消费者的年龄，而是指一种产品状态。品牌的年轻化，并不是非要让产品都贴上年轻人所喜欢的标识，或是改换外在的包装体现年轻人的元素，而是要让产品定位做到年轻，如功能要新，观念要新，代表的理念要新，等等。比如，有个名叫锐步（Reebok）的名牌，就曾让80岁的"老青年"王德顺为其代言。成立100多年的锐步让80岁的王德顺代言，两者加起来年龄足足超过200岁，但你能说它老吗？为什么请这位老人家代言？因为他身上有着一种精神：锲而不舍、锐意进取。这种精神与年龄无关，而是一种心态。这也反映出锐步这个品牌年轻化的理念。在今天，这种理念仍然很受年轻人的欢迎。

2. 内容本身的年轻化

不论是采用哪种方式宣传自己的品牌，都离不开与品牌相关的推文。

在泛娱乐化的今天，推文内容的年轻化，其实就是娱乐化。这也可以用来解释：为什么在互联网上，我们经常会看到一些比较传统，甚至严肃的品牌会那么"不正经"？因为它要实现与年轻人的连接，即符合他们的阅读习惯与审美情趣。也就是说，今天的品牌年轻化与当代的年轻人所追寻的互联网文化有着密切的关系，因此，推文内容一定要娱乐化。

举个例子：在 2020 年夏天，有一档非常火的综艺节目，名叫《乘风破浪的姐姐》。该节目一经播出，就受到了广大网友的追捧。在节目中，不论是哪个年龄段的美女，都有着自己独特的气质，而且透着一种不服输的闯劲。看过该节目后，很多人觉得，年龄不再是女性生命与事业中的一道坎。

这个节目为什么会火？关键是内容本身的年轻化。它让很多女性消除了年龄焦虑——女性的人生不应该被年龄所设限，女性要大胆地跳出传统观念对女性身份所设计的条条框框。甚至一些男性观众都抗拒不了这个节目的魅力。

3. 传播渠道的年轻化

如今，通过电视、收音机等传统媒体获取信息的人越来越少，人们更倾向于通过网络来与外部世界互动。也就是说，过去的广告、宣传推广在如今这个时代已经显现不出多大"威力"了。特别是年轻人，他们了解一个品牌，不仅会听品牌方怎么说，还会接收来自第三方的信息，与此同时，还会通过搜索引擎去了解品牌，或是在网络论坛、购买评价等渠道了解品牌。这就要求品牌的传播渠道要多样化、年轻化，且线上线下要双管齐下才能达到预期的效果。

4.视觉上的年轻化

视觉印象是一个非常具象化的东西，如产品包装、页面设计、Logo 等都可以带给我们某种直观的感受。也正因为如此，不少品牌会通过不断更新包装、Logo 等来吸引消费者的眼球，或在不失品牌宣传效果的同时增加用户的视觉体验。

例如，麦当劳就时不时更换自己的 Logo。可以说，Logo 是这家洋快餐连锁餐厅的文化符号。之前，麦当劳在 Logo 的使用上有点混乱，这影响了它对品牌形象的宣传。如今，麦当劳的 Logo 是金拱门，因为它已深入人心。明黄色给人明亮、积极之感，带给人的温暖恰到好处，而红色通常会给人的心理带来一种压迫感。如此，它整体给人的印象是更有动感，更年轻化。

喜新厌旧是人的本性，加上市场和消费者的需求无时无刻不在变化，因此要让一个品牌的生命周期变得更长，就必须不断地更新品牌观念，创造新鲜感，以防止品牌老化。如此，才能持续吸引新的受众群体，并保持他们对品牌的关注度。

玩转IP：反复挖掘流量价值

你是否也曾被那些风靡一时的 IP 刷屏？从"喜羊羊"到"王者荣耀"，从"猫和老鼠"到"哈利·波特"，这些成功的 IP 不仅能够创造持久的品牌影响力，还能通过各种衍生品、授权合作等形式，不断激活粉丝的热情，从而实现流量的反复利用和价值的最大化。

毫不夸张地说，好的IP就像自带流量的"流量王"，只要沾上它的边，就能瞬间吸引无数目光，从而让品牌仿佛坐上了"火箭"直冲云霄！

IP既然这么重要，那么问题来了，如何借助IP的力量来实现持续全域引流呢？这可不是简单的"蹭热点"就能搞定的！别以为拿着IP的"金钥匙"就能随便开锁。

IP的力量，就好比一把神奇的钥匙，能打开通往消费者内心的大门。但可不是随便一把钥匙就能打开消费者"心锁"的！一个好的IP，必须具备"金玉其外"和"金玉其中"的双重魅力。首先，要有颜值担当，能让人看一眼就爱上。比如，"小猪佩奇"的粉红猪，自带萌点，让孩子们无法抗拒。再如，"喜羊羊"的欢快旋律，只要响起，就能瞬间勾起人们对童年的回忆。其次，实力要过硬，要能让人爱得更深。比如，在内容方面，"王者荣耀"的角色设定、剧情故事，都深受玩家喜爱。

IP运营的核心在于不断挖掘产品的价值，并将IP的价值最大化。从流量变现的视角来看，这主要体现在以下几个方面：

1. 对症下药：IP要对品牌"胃口"

品牌需要明确自身的定位、目标受众及核心价值观，从而精准地挑选能够与之产生共鸣、相互促进的IP。例如，一个以年轻时尚为定位的服装品牌，若选择与具有青春活力、潮流元素的IP合作，就能更好地吸引目标客户群体，提升品牌的吸引力和认同感。反之，如果选择与品牌形象不符的IP，不仅无法带来预期的效果，还可能导致品牌形象的混乱和消费者的误解。

2. 跨界合作：强强联手，创造"化学反应"

不同领域的强势品牌或 IP 携手合作，能够突破传统的边界，创造出令人惊喜的"化学反应"。这种合作不仅能够整合双方的资源和优势，还能为消费者带来全新的体验和价值。比如，某知名运动品牌与热门游戏 IP 联合推出的限量版运动鞋，既满足了运动爱好者对运动鞋品质的追求，又满足了游戏玩家对个性化的需求，从而引发了市场的热烈反响。

3. 内容为王：用 IP 讲品牌故事

借助 IP 来讲述品牌故事，能够赋予品牌更加丰富的内涵和情感价值。通过巧妙地将 IP 的元素和情节融入品牌故事中，能使消费者在情感上产生共鸣，从而增强消费者对品牌的记忆和好感。例如，一部感人至深的动画电影 IP 可以为某食品品牌注入温暖和亲情的元素，让消费者在品尝美食的同时，也能感受到美食背后的动人故事。

4. 互动为本：与用户玩转 IP

通过与用户共同玩转 IP，不仅能激发用户的创造力和积极性，还能增强用户对品牌的归属感和忠诚度。例如，举办基于 IP 的创意比赛、线上互动活动，让用户有机会参与到 IP 的创作和传播中，能在品牌与用户之间建立起更加紧密的联系。同时，及时倾听用户的反馈和建议，不断优化和改进 IP 运营策略，以便更好地满足用户的需求和期望。

综上所述，在 IP 运营中，只有精准把握上述这些方面，才能真正实现 IP 价值的最大化，并实现流量的高效变现和品牌的持续发展。

全域统筹：实现全域的流量营销布局

"全域统筹"，这四个字仿佛为我们打开了流量营销宝藏的大门，让人忍不住想一探究竟。全域统筹，是指以用户为中心，将企业所有的线上线下营销渠道、数据和资源进行整合，形成一个统一的营销闭环，从而实现全渠道、全生命周期的流量运营和精准营销。

试想，一只无忧无虑的蜜蜂，正在花丛中采蜜。突然，一张巨大的蜘蛛网出现在它眼前，它被困在其中，挣扎着想要逃脱。这蜘蛛网，就是流量营销的"盘丝洞"，而全域统筹，就是你逃出生天的法宝！

传统营销像"蜘蛛网"，只关注一个渠道，用户被困在网中，无法自由流动。比如，你在微博上看到一个广告，点击进去，却发现只有官网与之链接，而其他的，如微信公众号、抖音账号、小程序，统统没有。你只能选择乖乖地填写表单，并等待回复，体验感像吃了一盘粗制的凉菜，寡淡而无味！

全域统筹则像"万花筒"，将所有渠道整合在一起，让用户可以自由地穿梭于各渠道中，体验多种互动形式。你可以通过微博广告跳转到抖音账号，在抖音上观看直播，然后通过小程序购买商品，再在微信公众号上参与互动活动，最后通过官网获取更多信息，整个过程就像逛了一趟游乐场，充满惊喜和趣味！

当然，全域统筹可不是光喊喊口号就能实现的，它需要经历"九九八十一难"。要想做到全域统筹，概括来说，要做好以下几点：

1. 用户画像

建立完整且细致入微的用户画像，是深入了解用户需求和痛点的关键所在。只有清晰地勾勒出用户的特征、行为模式、消费习惯以及潜在的期望，才能够量身定制出极具针对性和吸引力的个性化营销方案。这就好比面对一张错综复杂的蜘蛛网，只有精准地洞悉其每一个细微的弱点和脆弱之处，才能够巧妙地找到破解之法，从而突破这张网。

2. 数据打通

打通来自所有渠道的数据，实现数据的无缝整合与深度分析，对于全面了解用户在不同平台的喜好和行为模式至关重要。比如，将来自网站访问、社交媒体互动、电商购买、线下门店消费等多个渠道的数据进行统一收集和整理；运用先进的数据处理技术和分析工具，挖掘出用户在不同平台上行为的共性和差异，进而洞察其潜在的需求和趋势；依据这些需求和趋势，制定出能够精准触达用户内心、满足其需求的营销策略，以提高营销的效果和投资回报率。

3. 内容整合

对各个平台的内容进行全面、深入地整合，塑造出统一且连贯的品牌形象和价值主张。无论是在社交媒体平台上发布的短文、图片，还是在官方网站上展示的产品介绍、用户评价，抑或是在视频平台上投放的宣传视频，都需要保持风格的一致性、信息的连贯性以及价值传递的统一性。这就像蜘蛛网的各个节点，要相互连接，才能构成完整的网状结构。

4. 渠道协同

将线上的社交媒体推广、搜索引擎优化、电子邮件营销与线下的门店活动、展会参与等渠道进行有机结合,形成统一的推广节奏和主题,让不同渠道之间相互呼应、相互促进。最理想的状态是当用户在社交媒体上看到品牌的宣传后,能够通过搜索引擎轻松找到更多详细信息,并在线下门店中获得实际的体验和服务,从而形成一个完整且流畅的用户转化路径。

5. 数据分析

运用先进的数据分析工具和技术,对用户的访问路径、停留时间、购买行为等数据进行实时监测和深度挖掘。通过对这些数据的分析,发现用户行为模式和偏好的变化,及时调整营销策略的方向和重点。比如,是加大在某个特定渠道的投入,还是优化产品页面的布局,抑或是推出更符合用户需求的促销活动,所有的决策要都基于对数据的精准解读和判断。

全域统筹的关键,绝不只是单纯地掌握流量的流向和规模,而是要更加懂得怎样留住用户的心,要让用户从最初的尝试者转变为你坚定不移的忠实粉丝!

生态构建:打造完善的流量生态系统

流量,是这个时代的"黄金",每个人都在追逐它。就像在动物世界里,各种物种为了生存而争夺资源,想要在各种争夺中成为"王者",需要构建一个完善的生态系统,而不是简单地"圈地为王"。

一个完善的生态系统意味着不仅要有吸引流量的入口，还要有留住流量的能力。这就好比一片繁茂的森林，不仅要有充足的阳光和水分，还要有肥沃的土壤和适宜的气候，才能茂盛地生长。如果只是盲目地追求流量的数量，而不注重流量的质量和留存，就如同在沙漠中建造城堡，看似宏伟，却根基不稳，难以持久。

要打造完善的流量生态系统，必须把握好以下三点：

1. 追求多元共生

想象一下亚马逊雨林的繁茂景象：各种参天树木，藤蔓交织，动物们穿梭其间，形成了一个无比复杂的生态系统。想要打造一个完善的流量生态，也要像雨林一样，拥抱多元性。

（1）要独木成林，也要"百花齐放"。别以为只靠"硬核干货"就能吸引所有用户。就像雨林里不仅有高大的树木，还有各种灌木、草本植物一样，拥有丰富的内容才能吸引不同类型的用户。

某财经公众号，最初以深度分析和专业评论闻名，吸引了一批忠实用户。但随着时间的推移，用户群体逐渐固化，流量增长乏力。为了打破这一瓶颈，他们开始尝试创作不同类型的文章，例如：轻松的财经科普、有趣的行业故事、用户互动问答等。最终，他们成功吸引了更多用户，并打造出一个更具活力的内容生态。

（2）渠道多元，避免在"一棵树上吊死"。只依赖一个平台或渠道获取流量，就像把所有希望都寄托在一棵树上，一旦树木倾倒，就将万劫不复。多元化的流量渠道，就像雨林中不同的河流，为生态系统提供着不同的养分。

有一家电商平台，早期主要依靠广告投放来获取流量。随着竞争加剧，广告成本不断攀升，流量获取变得越来越困难。为了解决这个问题，他们开始尝试直播带货、短视频营销、社交媒体推广等多种渠道，最终成功摆脱了对单一渠道的依赖，实现了获取流量的多元化。

2. 构建生态闭环

在动物世界，食物链的完整性保证了物种的多样性，并促进了整个生态系统的健康发展。流量生态也是如此，需要构建一个完整且有效的闭环，才能实现持续增长。

（1）吸引用户，建立"捕食关系"。就像猎豹追捕瞪羚，你需要吸引用户，并将其转化为你的"粉丝"。优质内容、精准定位、互动体验，这些都是吸引用户的重要手段。比如，一家游戏公司通过在游戏内设置多种活动和奖励机制，吸引了用户持续参与，并通过游戏内的社交系统，鼓励用户分享游戏体验，形成"病毒式"传播。

（2）留住用户，打造"共生关系"。吸引用户只是第一步，更重要的是留住用户，即与用户建立良好的关系，并为他们提供优质服务，从而使其感受到你的价值。

（3）转化用户，实现"共赢关系"。就像狼群捕猎后会分享战利品，你也需要在将用户的价值转化为实际收益的同时，为用户提供价值，以实现双赢。

3. 不断优化"圈子"

流量生态圈是一个动态的系统，时刻都在变化。因此，你需要不断地优化自己的生态系统，才能在竞争中立于不败之地。

（1）数据分析，洞察用户需求。通过数据分析，了解用户的行为习惯、兴趣爱好、需求变化等，并根据分析数据调整内容策略，优化产品服务。如某短视频平台通过分析用户观看数据，发现用户对美食类视频有较高需求。于是，开始重点推荐美食类视频，并推出美食制作教程、美食测评等内容，最终成功吸引了更多用户。

（2）创新迭代，引领潮流。不断推出更具吸引力的内容和服务，或者根据用户反馈和市场需求，定期对产品功能进行升级，以满足用户日益增长的需求。比如，星巴克通过不断升级其"第三空间"的概念，为顾客提供了一个舒适的社交场所，使用户不再局限于咖啡体验，还包括音乐、艺术展览等多种文化体验。这种营销方式的创新不仅提升了顾客的消费体验，也增强了他们与品牌的情感连接。

综上所述，打造一个完善的流量生态系统，就像建造一座繁荣的城市，需要多元化的内容、完善的机制、持续的创新，才能吸引用户、留住用户、转化用户，并最终确保流量的"王者"地位。

场景营销：打造极致的消费新场景

从传统的广告轰炸，到社交媒体的"病毒式"传播，再到如今的营销场景化，商业世界正在经历着一场颠覆性的变革。营销场景化作为一种全新的商业策略，正在以其独特的魅力颠覆着我们对商业模式的认知，同时也逐步改变着企业与消费者互动的规则，从而重塑着市场格局。

场景化营销，顾名思义，就是将产品或服务融入消费者的生活场景中，让消费者在自然的生活状态下，感受到产品或服务的价值和魅力。这种营销方式打破了传统的营销边界，让营销活动更加贴近消费者的生活，更加生动有趣，更具说服力。

在不远的未来，营销将不再是孤立的商业行为，而是会深深植根于我们的日常生活中，成为一种自然而然的交流方式。当技术的边界逐渐模糊，当大数据、人工智能、物联网等前沿科技与社会无缝对接，营销场景与消费者生活的深度融合将成为一种新常态。

这种营销的"颠覆性"在于，它打破了传统营销中产品与消费者之间的单纯交易关系，转而强调产品与服务在特定场景下的情感体验。除此之外，它的"颠覆性"还体现以下几个方面：

1. 从大众营销到精准定位

你有没有注意过：为什么有些广告就像懂"读心术"，仿佛知道你的所有喜好？其实是因为精准营销。过去，广告商像是一个渔夫，在大海里漫天撒网，希望能捞到几条小鱼。但现在，他们学会了用精准的数据分析和用户画像来瞄准目标，就像是狙击手一样，一枪一个准。这样，广告信息就能在最合适的时间、最恰当的地点以及最符合你心意的方式，轻轻地送到你面前。

2. 从产品推销到体验创造

过去，我们收看电视购物节目时，主持人总是滔滔不绝地介绍产品的功能特性，但说实话，那种干巴巴的推销方式真的很难打动人心。而现在，营销人员变得更聪明了。他们不再只是简单地推销产品，而是开始为用户创造一种独特、有价值的体验。

3. 从静态展示到动态互动

以前看广告就像是在看一幅静态的画，我们只是在画外欣赏。但现在，数字技术让我们能够真正参与到广告中去，成为"剧中人"。通过AR/VR技术，我们可以亲身体验产品的魅力；通过社交媒体和即时通信，我们可以与品牌进行实时互动。这种动态的、双向的交流方式，无疑可以让我们更加深入地了解和喜爱一个品牌。

4. 从单一渠道到全渠道融合

过去，品牌往往选择某一特定的渠道进行推广，比如，黄金时段的电视广告、黄金位置的户外广告或是繁华地段的实体店铺。这些方式虽然在一定程度上能够达到宣传效果，但受限于渠道的单一性，总有些潜在的消费者被遗漏。

场景化营销以其独特的视角和策略，成功地打破了传统渠道的界限，实现了线上线下的完美融合。在这个新的营销模式下，社交媒体、电商平台、实体店等各种渠道不再是孤立地存在，而是相互协同，共同构成了一个全方位、多维度的营销网络。

5. 从被动接受到主动参与

场景化营销彻底改变了消费者与品牌之间的互动模式。在传统的营销方式中，消费者往往只是被动地接收信息，品牌传递什么，他们就接收什么，缺乏主动参与和反馈的机会。现在，场景化营销打破了这种单向的沟通模式。它鼓励消费者从被动的信息接收者转变为积极的参与者，并让消费者能够真正融入品牌故事中，主动宣传品牌，成为品牌传播的一部分。通过 UGC（用户生成内容），消费者可以分享自己的使用心得、创意和见解，这些内容不仅丰富了品牌的内涵，也让其他消费者更加真实地感受到了产品的魅力和价值。

未来的场景互联，将是科技与人文的完美结合，也将是品牌与用户生活的深度融合。在这个全新的营销纪元中，品牌需要不断创新，倾听用户的声音，理解用户的需求，才能在瞬息万变的市场环境中立于不败之地。

持续迭代：探索流量获取和运营新模式

过去，我们谈流量，可能只是单纯地想办法把用户吸引到网站、App上，然后再想方设法让他们"买买买"。现在，流量江湖早已风云变幻。在此情况下，如何抢占市场先机呢？答案是：必须持续创新，快速迭代，探索新的流量获取和运营模式。

过去，流量主要有两种玩法：

（1）"刷量"或"作弊"。这种方式曾被称为流量获取"秘籍"，但如今已成了"过街老鼠"。刷量软件、虚假流量虽然能在短时间内制造虚假繁荣，但最终只能是"搬起石头砸自己的脚"。

（2）"一招鲜吃遍天"。过去，靠着某个单一渠道，就能"坐拥天下"。如今，用户在不同平台之间频繁切换，流量分散，单一渠道的流量获取效率越来越低。

现在还有很多人信奉"流量获取就是花钱投广告，砸钱砸出一片天"。其实不然，消费者早已被各种广告轰炸得"麻木不仁"，简单粗暴的广告已经失去了吸引力。新的时代呼唤"创意为王"：内容质量固然重要，但更重要的是如何用创意去吸引用户的眼球，并激发出用户共鸣，从而让用户愿意主动分享和传播产品。

如何从"创意"中找到流量密码呢?关键要掌握以下三个办法:

1. "尬"出新高度:用自黑幽默赢得用户好感

通过自黑幽默赢得用户的好感,是不少企业或个人惯用的一种方式。这一策略的核心在于通过一种看似尴尬实则机智幽默的方式,来吸引用户的注意并赢得他们的好感。其中的"尬",并不是指真正的尴尬或难堪,而是故意营造的一种带有自嘲和幽默感的表达方式。它通过夸张、反差或意外的情节设置,让观众在感到意外的同时也能会心一笑。

也就是说,要找到自己的"槽点"——每个人或品牌都有自己的小缺点或不足,大大方方地拿出来自嘲一番,或许能得到意想不到的效果。

某电商平台推出了一款"丑萌"的宠物玩具,为了吸引用户,他们制作了一段广告视频,视频中,一只"丑萌"的狗狗对着这款玩具疯狂"舔屏",并配上搞笑的旁白:"你以为我会说这款玩具很可爱?不,它真的很丑,但是我的狗很喜欢!"这段视频迅速走红,并引发了网友热议,甚至被不少宠物博主转载,提升了这款"丑萌"玩具的曝光度。

"尬"出新高度,并非刻意"装丑",而是用自黑幽默打破传统广告的严肃模式,拉近与用户的距离,从而赢得用户的认可和好感。

2. "玩梗"的艺术:用流行文化撬动流量杠杆

这一策略的核心在于利用当前流行的文化元素、网络梗或热点话题,来与自身内容或品牌相结合,从而吸引更广泛的受众群体,撬动流量杠杆。

玩梗,即在内容创作中巧妙地融入当下流行的网络语言、表情包、热门事件等元素,使宣传的产品内容更加贴近用户的兴趣和话题,从而增强内容的传播力和吸引力。通过"玩梗",可以迅速拉近产品与用户的距离,并引起他们的共鸣和关注。

某游戏公司推出了一款新游戏。为了吸引年轻用户，他们制作了一系列"玩梗"的广告海报，海报中，将游戏中的角色与当下流行的网络表情包进行结合，例如，将游戏中的"女主角"与"我太难了"表情包进行组合，并将游戏中的"男主角"与"灵魂拷问"表情包进行组合，这些海报在社交平台上迅速传播，引发了用户的共鸣，为游戏带来了大量的流量。

"玩梗"的艺术，并非只是简单地"借梗"，而是要将"梗"与品牌文化和产品特色进行融合，以迅速抓住用户的眼球，从而提高产品内容的曝光度和传播速度。

3. "脑洞大开"：用创意内容吸引用户眼球

脑洞大开，是指在内容创作时，不受传统思维和框架的限制，敢于打破常规，创造出令人意想不到、独具匠心的内容。这种内容往往能够给用户带来新鲜感和惊喜，从而激发他们的好奇心和分享欲望。

当然，它并非只是"奇葩"和"怪诞"，而是要将品牌文化和产品特色进行结合，用"创意"来吸引用户眼球，并让用户在观看视频的过程中产生共鸣，从而留下深刻的印象。

某饮料品牌推出一款新品，为了吸引用户，他们制作了一段"脑洞大开"的广告视频。视频中，一位身穿制服的"外星人"来到地球，步入了一家超市，看到这款新品后，惊呼道："这就是传说中的'宇宙级美味'！"这段视频充满奇思妙想，引发了用户的兴趣，并迅速在社交平台上走红，为这款新品带来了大量的曝光度。

流量就像"过山车"，只有不断创新，才能牢牢把握住这辆高速行驶的列车。在现实中，一些成功的品牌和个人往往能够通过不断尝试、挖掘独特视角、融合多种元素等方式，创造出令人眼前一亮的内容，从而吸引用户的注意并引起广泛的产品传播效果。

第十章
落地场景：引爆流量营销的经典案例

经过前面深入的探讨和分析，我们已经掌握了诸多引爆流量营销的理论和策略。现在，让我们一同探寻那些真实而精彩的落地场景，并揭开一个个经典案例的神秘面纱，看它们是如何在全域流量的"战场"上纵横驰骋的。

小米汽车：新品发布引爆科技圈流量狂潮

2023年11月14日，小米汽车召开发布会，这一事件如同投下一枚重磅炸弹，瞬间引爆了科技圈的流量狂潮。微博、抖音、微信朋友圈等社交平台上，有关小米汽车的讨论热度居高不下，各大媒体争相报道，专业科技媒体更是进行了深度解读，一时间，小米汽车成了科技圈炙手可热的话题。

小米汽车此次发布的内容之所以能引爆流量营销，不只是依靠其强大的品牌号召力，其背后还蕴藏着深厚且多重的流量密码。

1. 小米生态的加持，构建全域流量矩阵

小米汽车并非小米集团独立推出的产品，而是其庞大生态链的延伸。依托小米在手机、智能家居、IoT（物联网）等领域的深厚积累，小米汽车已经构建起了一套完整的流量矩阵。

小米拥有庞大的用户基础，其智能手机和智能家居设备已经覆盖数亿用户。这些用户可以成为小米汽车潜在的客户群体，并可以通过小米的生态系统进行精准触达。同时，小米通过其生态链产品，如小米电视、小米音箱等，进行深度产品宣传整合，可以将小米汽车与用户生活场景紧密相连，从而形成强烈的用户感知。

此外，小米生态中的各种平台，如小米商城、小米社区、小米云等，都可以为小米汽车提供有效的流量入口,并为其进行品牌推广和用户运营。这种全域流量矩阵的构建,让小米汽车的发布信息能够高效触达目标用户,并产生强大的传播效应。

2. 科技创新与爆点营销,引发大众关注与讨论

小米汽车并非只是一辆普通的汽车,而是融合了小米科技基因的智能科技产品。小米汽车搭载了先进的智能驾驶技术、智能座舱系统以及多种创新功能,吸引了众多科技爱好者的目光。在发布会上,小米展示了小米汽车的核心技术和产品亮点,并通过各种形式的互动和体验,让用户感受到了科技带来的全新体验。

小米汽车在营销方面也下足了功夫,其发布会采用线上线下联动的方式,并邀请了众多明星和网红参与,引发了广泛的社会关注和讨论。小米还通过各种创意营销手段,如短视频、直播、话题挑战等,吸引用户参与互动,形成了强大的传播势能。

小米汽车的科技创新与爆点营销,不仅引发了大众的关注与讨论,也为其积累了大量的流量和用户口碑,从而为后续开展市场推广活动打下了坚实的基础。

3. 资本市场加持,持续引爆话题热度

小米汽车的发布,也引发了资本市场的关注。小米汽车的估值、投资情况以及未来发展前景等问题,成为投资者讨论的热门话题。资本市场的关注进一步加大了小米汽车的曝光率,并使其成为市场热点。

同时,小米汽车的成功上市也意味着其获得了资本市场的高度认可,并愿意为其后续的市场扩张提供资金支持。小米汽车将利用资本市场的优势,不断进行技术研发和市场拓展,从而进一步扩大其影响力,并持续引

爆话题热度。

4. 全球化布局，拓展流量新边界

小米汽车并非只局限于中国市场，其目标是走向全球市场。小米汽车在海外拥有庞大的粉丝群体，并已在多个国家和地区建立了销售网络。小米汽车将借鉴小米其他产品在海外市场的成功经验，进行全球化推广，从而拓展流量新边界。

小米汽车的全球化布局，将使其能够触达更多用户，并开拓更广阔的市场空间。同时，小米汽车也将借此机会，提升其品牌影响力，并打造全球领先的智能汽车品牌。

可见，小米汽车之所以能引发科技圈的流量狂潮，源于其掌握的流量密码——小米汽车依靠其庞大的生态体系、科技创新、爆点营销、资本市场加持及全球化布局等因素，成功地吸引了大众的关注，并取得了巨大的传播效果。

胖东来：借助社交媒体成为零售界新宠

在中国零售业中，有一个名字叫得越来越响亮："胖东来"——一家扎根于河南许昌和新乡的本土超市。它没有遵循传统的营销套路，而是凭借对消费者的深刻理解和对新技术的敏锐洞察，成功地借助社交媒体引爆流量营销，成为零售界的新宠。

特别是进入 2024 年后，胖东来超市迎来了流量高峰，在各类主流媒体上成了热点话题。无论是当地居民、通过线上引流而来的外地顾客，还是前来参观学习的外地团体，一波接着一波地涌入，使得胖东来的客流甚至超过了许多传统旅游景区。

在线上，胖东来的创始人于东来已经成功打造了强大的个人IP，形成个人品牌与实体商超相辅相成的独特模式，这种模式在全国范围内可以说是独树一帜。面对各类可能引发公众关注的事件，胖东来总能妥善处理，不仅化解了潜在的危机，进一步提升了企业的正面形象。

随着胖东来品牌影响力的不断扩大，很多企业开始思考：如何有效地利用线上流量，甚至引爆流量营销？以下是胖东来的一些关键做法，值得借鉴。

1. 从内容营销到社群运营，构建全域流量矩阵

胖东来深谙内容营销之道，通过微信公众号、抖音、小红书等平台发布各种有趣、有价值的内容来吸引顾客关注。他们会分享店内新鲜食材、特色产品、促销活动等信息，还会拍摄、制作各种短视频来展现产品品质、购物环境、服务细节等，这就让顾客对品牌产生了更直观的感受。

另外，胖东来还通过微信群、抖音私信等方式与顾客互动，了解顾客需求，解决顾客的问题，并定期举办线上线下活动，增强顾客黏性。这种社群运营模式，不仅能够有效地提高品牌的知名度和影响力，更能将流量转化为实际购买力。

2. 以顾客为中心，打造差异化服务

胖东来深知，只有满足顾客需求，才能赢得顾客青睐。他们以顾客为中心，不断提升产品质量、服务质量和购物体验。例如，他们会根据顾客需求定制个性化服务，如提供免费送货、免费代办手续等。他们还会举办

各种主题促销活动，如"新鲜蔬菜特价""限时抢购"等，让顾客享受到实实在在的优惠。

更重要的是，胖东来非常注重提升员工的专业素质和服务意识。他们会定期对员工进行培训以提升员工的专业技能和服务水平。他们还鼓励员工与顾客互动，了解顾客需求，及时解决顾客的问题。这种以人为本的服务理念，不仅为胖东来赢得了良好的口碑，也使品牌得到了增值。

3. 数据驱动决策，优化运营流程

胖东来凭借敏锐的市场洞察力，巧妙地借助数字化工具，全方位收集和深入分析海量数据，以此精准洞察顾客需求，持续优化运营流程，成功实现了精细化管理。

例如，他们运用先进的数据分析技术，对顾客的消费行为进行细致入微的剖析，深度挖掘顾客的消费习惯、购买偏好等关键信息。基于这些宝贵的数据洞察能力，他们能够有的放矢地精准调整商品结构，确保了货架上总是陈列着符合顾客需求和喜好的商品。

胖东来还善于利用数据对商品库存、物流配送等重要环节进行实时监测和精准把控。通过对库存数据的精确分析，他们能够科学地预测出商品的需求量，从而合理控制库存，避免出现库存积压或缺货的情况。

4. 线上线下融合，构建无缝衔接的购物体验

胖东来以积极主动的姿态拥抱变革，全力打造线上线下深度融合的创新购物模式。他们精心构建了功能齐全、操作便捷的线上商城，使顾客无论身处何地、何时，只要有购物的需求，都能轻松通过网络实现。线上商城商品种类丰富，涵盖了日常生活的方方面面，且页面设计简洁明了，搜索和筛选功能强大，让顾客能够迅速找到心仪的商品。

与此同时,胖东来还巧妙地将线上商城与线下门店进行无缝对接。顾客既可以选择在线下单,然后根据自己的时间安排前往附近的门店自提商品,享受线上购物的便捷与线下提货的即时性;也可以在门店浏览商品时,通过扫描商品二维码直接在线购买,免去排队结账的麻烦。这种融合模式打破了时间和空间的限制,为顾客营造了更加灵活、便捷的购物环境。

5. 积极探索新技术,引领零售业发展方向

胖东来率先引入智能货架技术,通过在货架上安装传感器和电子标签,实时监控商品的库存数量和陈列位置。当某种商品库存不足时,系统便会自动向仓库发送补货指令,确保货架上能始终保持充足的货品供应。这不仅提高了库存管理的效率,也减少了因缺货而导致的销售损失。

同时,胖东来利用人工智能和大数据分析技术,对消费者的购物行为和偏好进行了深度挖掘和预测。基于这些分析结果,胖东来能够更加精准地进行商品推荐和营销活动策划,从而提高了顾客的购买转化率和满意度。

胖东来通过借助社交媒体,引爆流量营销,不仅实现了自身的发展壮大,更树立了零售业数字化转型的典范。如今,在各类聚光灯下的胖东来,已经成为行业内的典范,并将企业的品牌形象推向更高的层次。

拼多多：电商营销中的顶级流量玩家

电商市场，硝烟四起。在这个竞争激烈的"战场"上，拼多多以其独特的模式和策略迅速崛起，成为引爆流量营销的顶级玩家。

拼多多刚出现时，凭借着社交电商这一独特的方式，在市场上掀起了一阵狂风巨浪。那时，亲朋好友之间相互分享拼团链接，一起以超低的价格拿下心仪的商品，这种有趣又实惠的玩法，着实让许多人抗拒不了。仅靠这一方法，拼多多便让它的名字在人群中迅速传播开来。

之后的拼多多又是如何一步步通过流量裂变，进而构建起庞大的用户生态群呢？

1. 社交裂变：精准触达，引爆用户增长

拼多多最具特色的便是其独特的社交电商模式。通过"拼团"机制，拼多多将用户的社交属性与消费行为进行深度绑定，实现了流量的快速裂变。

（1）精准触达目标用户。拼多多利用微信等社交平台，精准地将商品信息推送给了用户的朋友圈和社群，并通过用户间的分享和推荐，实现了目标用户的精准触达。

（2）提升用户的参与度。"拼团"机制将价格优惠与社交分享完美结合，用户通过分享商品链接邀请好友参团，不仅能获得更低的价格，更能增强用户的参与感和社交互动。

（3）构建用户口碑传播。用户之间互相推荐，形成良性循环，可以加速平台流量的增长。同时，用户在分享产品和服务过程中，会主动对产品进行宣传，积累口碑，这就提升了用户对平台的信任度。

2. 多元化玩法：深耕用户需求，打造流量矩阵

拼多多在社交电商模式的基础上，不断创新玩法，持续深耕用户需求，打造多元化的流量矩阵。

（1）百亿补贴。针对用户对低价产品的需求，拼多多推出了"百亿补贴"活动，以超低价格吸引用户，并通过流量补贴引导用户消费，提升了用户黏性。

（2）直播带货。顺应直播电商的潮流，拼多多积极布局直播带货业务，通过明星、网红、素人等多种主播形式，为用户提供更直观、更生动的购物体验，并吸引了大量流量。

（3）精选商品。拼多多通过算法和人工筛选，为用户推荐其感兴趣的商品，满足用户需求，提升用户的购物体验。

（4）定制化服务。拼多多通过大数据分析用户画像，为不同用户提供了个性化的商品推荐和服务，从而提升了用户满意度和复购率。

3. 平台生态构建：打造用户闭环，实现流量转化

拼多多通过构建完善的平台生态，为用户提供全方位的购物体验，从而实现了流量转化。

（1）物流体系。拼多多与多家物流公司合作，建立了高效的物流体系，保障了用户快速、便捷的收货体验。

（2）售后服务。拼多多完善的售后服务体系，解决了用户购物过程中

的各种问题，从而提升了用户满意度。

（3）金融服务。拼多多推出"拼多多金融"，为用户提供便捷的支付、贷款等金融服务，降低了用户购物成本。

（4）社区运营。拼多多通过社区运营，打造用户交流平台，提升了用户参与度，并增强了平台黏性。

4. 深化场景应用：打造全域流量生态

拼多多继续深化场景应用，构建全域流量生态，拓展出更多流量增长点。

（1）线下场景融合。将线上流量优势与线下场景结合起来，如开设线下体验店，将线上商品带到线下，以实现线上线下联动。

（2）多元化产品矩阵。扩展产品品类，满足用户多元化需求，提升平台的竞争力和用户黏性。

（3）数据驱动的精准营销。利用大数据分析用户行为，进行精准营销，提升广告转化率，打造更有效的流量变现方式。

（4）生态闭环建设。完善平台生态，建立用户闭环，提升用户体验，吸引更多用户加入平台，打造全域流量生态。

拼多多从社交电商起家，通过不断创新，深耕用户需求，构建平台生态，成了电商江湖的顶级流量玩家。其引爆流量营销的成功经验，值得其他电商平台借鉴和学习。

抖音：持续内容创新，领跑全网流量

抖音，作为近年来迅速崛起的短视频平台，以其持续的内容创新和强大的流量分发机制，引爆流量营销，成为不可忽视的互联网巨头，并在全球拥有了庞大的用户群（国际版叫 TikTok）。在这个平台上，每一个普通个体都有机会成为影响万千用户的网红，每一条创意视频都可能迅速走红。

那么，抖音是如何一步步发展成为短视频领域的领头羊的呢？下面，我们就来探寻其成功背后的方法和策略。

1.精准市场定位，深度洞察用户需求

抖音的成功首先得益于其精准的市场定位。在短视频领域初现端倪之时，抖音便敏锐地洞察到了用户对简洁、碎片化内容的渴求，以及对娱乐性和趣味性的追求。

（1）简洁与碎片化的内容形式。抖音将视频长度控制在 15 秒到 1 分钟以内，这种简短的形式非常适合在移动设备上观看，满足了用户在碎片化时间里的娱乐需求。简短的视频内容让用户能够在短时间内获得乐趣，无须投入过多的时间成本。

（2）娱乐性和趣味性的内容。抖音将内容聚焦于娱乐、搞笑、音乐、舞蹈等领域，这些内容易于传播，能够迅速吸引用户的眼球。同时，平台鼓励用户参与内容创作，通过各种挑战、话题等形式激发用户的创造力和参与度。

（3）年轻群体的定位。抖音明确地将年轻人作为主要目标受众群体，并通过年轻化的语言、潮流元素和流行文化来吸引这一群体。平台内置的社交功能，如点赞、评论、分享等，加强了年轻用户之间的互动，增进了他们的归属感。

2. 持续内容创新，构建多元化生态

抖音的成功，源于其对内容创新的高度重视。平台从一开始便秉持着开放、包容的态度，鼓励用户创作各式各样的短视频内容，并不断探索新的内容形式，以打造多元化的内容生态。

（1）内容类型多元化。抖音涵盖了音乐、舞蹈、美食、旅行、搞笑、科普、教育等多个领域，并根据不同用户群体的不同兴趣，细化出诸如生活、游戏、科技、美妆、宠物等更垂直的细分领域。这种多元化的内容类型，能够满足不同用户群体的需求，并能够吸引更广泛的用户群体。

（2）内容形式创新。无论是搞笑幽默的段子、精彩纷呈的才艺展示，还是实用的生活小窍门、专业的知识科普，抖音几乎无所不包。同时，抖音不断尝试新的内容形式，如短剧、直播、vlog、挑战赛等，为用户提供了更多新鲜感和参与感。除此之外，平台还推出了"抖音小店"等功能，鼓励用户将内容与电商相结合，从而进一步拓展了内容边界。

（3）算法推荐机制。抖音的算法推荐机制能够精准地识别用户兴趣，为用户推荐感兴趣的内容。用户在平台上浏览、点赞、评论等行为都会被算法记录，并根据这些数据不断了解用户的喜好，为其推荐更精准的内容。这种智能化的推荐机制，极大地提高了用户对内容的接受度，也为平台吸引了更多流量。

3. 优化流量分发机制，打造爆款内容

抖音的流量分发机制，是其引爆流量营销的另一个重要因素。平台通过一系列算法机制，可以将流量精准地分配给优质内容，并不断优化算法机制，以提高流量分发的效率。

（1）算法可以精准地识别用户偏好。抖音的算法能够快速识别用户的兴趣偏好，并将流量分配给用户可能更感兴趣的内容。平台会根据用户的观看时长、点赞、评论等行为，以及用户的地理位置、年龄、性别等信息，不断优化算法，以提高流量分发的精准度。

（2）内容传播路径多元化。抖音拥有多元化的内容传播路径，包括首页推荐、关注页、话题页、搜索页等，用户可以通过多种途径获取感兴趣的内容。平台会根据内容的热度和用户行为，将内容推送到不同的传播路径，这就最大限度地提高了内容曝光率。

（3）鼓励用户互动，提升内容热度。抖音鼓励用户积极参与内容互动，如点赞、评论、分享等，并会根据用户互动的数据，调整内容的传播路径。用户互动能够为内容带来更高的热度，吸引更多用户关注，形成正向循环，最终实现流量爆发。

抖音引爆流量营销，不仅展现了短视频内容的巨大潜力，也为传统行业带来了新的机遇。抖音的成功案例，为其他行业提供了借鉴，并鼓励他们积极拥抱短视频时代，利用短视频平台拓展新的业务模式，吸引更多用户。

未来，抖音仍会不断创新，优化内容生态，加强平台监管，探索新的营利模式，从而继续引领全域流量，实现平台的可持续发展。

小红书：通过UGC内容实现流量变现

小红书，这个以分享生活方式和种草为主的平台，在短短几年内迅速崛起，成为拥有庞大用户群体的潮流风向标。这个平台不仅为消费者提供了宝贵的购物参考，也为品牌商家开辟了一条全新的营销渠道。

小红书是如何构建起一个让用户乐于参与、易于分享、充满创意的UGC生态系统的呢？以下是其采取的一些核心举措。

1.重视UGC内容的价值：真实、多元、可信赖

小红书别具一格的UGC（User-Generated Content，用户生成内容）生态不仅造就了无数爆款产品，更成为品牌引爆流量营销、实现流量变现的利器。小红书的UGC内容，是平台的核心价值所在。与传统广告相比，UGC内容具有以下优势：

（1）真实性。用户分享的自身真实体验，更具说服力，能够有效地降低用户对信息的疑虑程度，从而使用户对产品的信任度得到提高。

（2）多元性。平台涵盖了美妆、护肤、时尚、美食、旅行、生活等多个领域，用户可根据自身需求进行选择和搜索，从而满足了用户的个性化需求。

（3）可信赖。用户内容经过平台审核，一定程度上保证了内容的真实性，减少虚假信息传播，提升了用户对平台的信任度。

2. "种草"机制：从用户需求出发，精准触达

小红书以"种草"为核心，专注于分享生活方式、美妆护肤、旅行美食等领域的优质内容。平台鼓励用户分享真实体验和发表个人见解，并通过图文、视频、直播等多种形式呈现，为用户提供丰富的"种草"信息。

小红书的"种草"机制，是其引爆流量营销的关键。平台通过以下方式，将用户需求与品牌产品有效地连接了起来：

（1）精准推荐。平台算法会根据用户的兴趣和浏览记录，推荐相关内容和产品，实现精准触达。

（2）用户互动。用户评论、点赞、收藏等行为，可以有效提升内容曝光率和影响力，形成"种草"效应。

（3）社群影响力。用户自发形成的社群，可以快速传播产品信息，并增强用户对品牌的认知度和信任度。

3. 多元变现：多维度赋能，实现共赢

小红书平台通过多种流量变现路径，将 UGC 内容的价值转化为商业收益。主要包括以下几种模式：

（1）内容营销，品牌合作和推广。小红书平台为品牌提供了多种合作模式，包括品牌合作、产品推广、直播带货等。品牌可以通过与平台创作者合作，将产品植入到用户关注的内容中，以更自然的方式触达目标用户，从而提升品牌的曝光度和产品销量。

（2）知识付费，专业领域的付费内容。平台上一些拥有专业技能或丰富经验的用户，可以通过创作付费内容如教程、课程等，分享专业知识和技能，并为用户提供更深度的价值。这种模式可以为创作者带来额外的收入，同时也能满足用户对专业知识的学习需求。

（3）直播带货，实时互动和即时购买。小红书平台鼓励用户进行直播，分享产品体验和产品使用带来生活方式的变化，并通过直播带货的方式进行销售。实时互动和即时购买的模式，能够有效提升用户的购买转化率，并为平台创作者带来更高的收益。

（4）平台广告，精准投放，提升广告效益。小红书平台通过对用户数据的分析，能够为广告主提供精准的广告投放服务。平台可以根据用户的兴趣、行为和消费习惯，将广告投放到最有可能产生转化效果的用户群体，从而提升广告效益和用户体验。

综上所述，小红书平台通过整合"种草"功能、优质内容和用户属性，构建起一个以用户创造内容为核心，并在此基础上的多元化流量变现路径，以形成一个完整且高效价值闭环。在这个闭环，用户不仅是内容的消费者，更是内容的创造者和传播者，他们的每一次分享、点赞和评论都可能有效转化为商业价值，从而实现了品牌、商家和用户的共赢。

"与辉同行"：面对"花式内卷"，凭什么成为顶流

如今，"花式内卷"已成为各行各业无法回避的现象。然而，在竞争激烈的文旅领域，"与辉同行"这一栏目却凭借独特的策略与深厚的内功，成功引爆了全域流量，成为顶流IP。

2024年3月，"与辉同行"的龙年直播首站选在湖北。据第三方权威

平台提供的数据,在短短 5 天的时间里,"与辉同行"就创造了令人瞩目的成绩,总销售额高达 1.35 亿元。不仅如此,"与辉同行"账号更是人气飙升,涨粉 34.2 万,直播间每天的在线人数都在 10 万以上。于是,各地文旅部门纷纷向董宇辉发出邀请或表达合作意愿。

"与辉同行"之所以能够火爆全网,得益于多种因素。归纳起来,这些因素主要体现在以下几个方面:

1. 个人 IP 的打造

董宇辉并没有依靠身高、颜值,或是花哨的套路来吸引粉丝,他凭借的是自身的才华、谦逊的态度和真诚的性格。他不仅体现的是个人魅力,更是许多怀才不遇者的共鸣与缩影。因此,人们愿意支持他,为他买单,实际上是在支持那个内心深处的自己。

在直播中,他展现出真诚、接地气的表现风格,善于与观众建立深厚的情感联系,让每一位观众都能感受到他的真诚与热情。他的每一次直播,都仿佛是与观众进行一场心灵的对话,让人倍感亲切。

2. 让文化自信与品质生活融合

"与辉同行"不仅仅是一个简单的商品推销平台,更是一个传递文化和情感的窗口。通过深入介绍地方特色和文化背景,精选高品质的商品,为观众带来了愉悦的购物体验。

(1)地方文化介绍。这是"与辉同行"的一大特色。在重庆站的直播中,董宇辉不仅推销商品,还深入介绍了重庆的地方特色和文化背景,如重庆的火锅文化、夜景之美等。他通过讲解生动有趣的故事,让观众在购物的同时感受到了重庆的独特魅力,从而传递了文化自信,增强了观众对地方文化的认同感和归属感。

（2）高品质的产品选择。团队精心挑选每一款商品，以确保直播间的商品具有竞争力。无论是产品的品质、价格还是设计，都力求做到最好。这样的努力不仅增加了消费者的购买欲望，也提升了"与辉同行"的品牌形象和口碑。

3. 差异化的直播带货

当大多数网红仍然依赖传统的营销手段，急于在直播间里通过话术催促顾客下单时，"与辉同行"采取了一种截然不同的方法。董宇辉在直播中营造出一种与朋友聊天般的氛围，让人感到轻松自在。他娓娓道来的风格不仅让观众感到舒适，还能引发他们的共鸣，从而让人们在享受购物的同时，也能感受到一种心灵上的慰藉和升华。

这种差异化的直播方式不仅减少了消费者的购物压力，还让他们在购物的过程中获得更多的乐趣和满足感，从而使不愉快的情绪得以释放。通过这种方式，"与辉同行"不仅提升了直播的互动性和观赏性，还增强了与观众的情感联结，实现了商业价值与文化价值的双重提升。

4. 提供正能量及情绪价值

他的直播不仅是商品推销，更是一种情绪价值。无论是年轻人还是老年人，无论是职场人士还是家庭主妇，都能在他的直播间找到共鸣，感受到温暖与正能量。

董宇辉通过自己的故事分享、人生感悟以及对生活的独到见解，为观众打开了新的视角。他的直播内容常常涉及对美好生活的向往、在困难时刻的坚持以及对自我成长的不懈追求，这些都是人们普遍关心的话题。这种正面的情绪价值不仅能够让观众在忙碌的生活之余找到一丝宁静，还能激励他们在面对挑战时保持积极向上的心态。

在"与辉同行"直播间,文旅富矿和顶流 IP 牵手,共同打造了流量"爆点"。这种独特的跨界融合,不仅让直播间内的观众仿佛亲身游历了壮丽山河,感受到了丰富多彩的文旅魅力,更以其新颖、独特的内容吸引了大量网友的关注和热议,实现了流量的快速增长和广泛传播。"与辉同行"这一成功的合作模式,告诉我们,不论你在哪一个行业,面对花式内卷,只要以内容为王,不断创新、敢于尝试,就一定能找到属于自己的"爆点",甚至让自己成为"顶流"。

淄博烧烤:"小饼烤炉加蘸料"的全域流量盛宴

有一句谚语,叫"酒香不怕巷子深",意思是,如果酒酿得好,即使是在很深的巷子里,也会有人闻香知味,慕名前来品尝。这个谚语常用来比喻只要东西或产品好,即使所处的位置较为偏僻或不引人注目,也能通过产品的品质和优势被人们发现和认可。

但是,在同质化竞争越来越厉害的今天,"酒香也怕巷子深",一种产品、一种服务,要想在竞争中脱颖而出,必须要有流量的加持。2023 年,淄博烧烤——吱吱冒油的烤肉、特色的小饼卷葱吃法,以及充满烟火气的就餐氛围,使这个曾经名不见经传的地方小吃一夜之间走红网络,成为全民关注的焦点。淄博就此打开了流量新世界——"山东一半的大学生"涌向这里,全国各地的网友千里奔赴淄博,只为一个目的——吃烧烤。

为何一顿烧烤可以带火一座城？不只是因为其"小饼烤炉加蘸料"的独特组合征服了食客的味蕾，更是因为其掌握了开启全域流量盛宴的密码。

1. 社交媒体的巧妙运用

淄博烧烤的走红并非偶然。在社交媒体时代，内容成了吸引流量的关键。淄博烧烤的特色在于其独特的食用方式——小巧的烤炉、现烤的小饼搭配各式蘸料，新鲜感十足的用餐体验，这些天然就具备了淄博烧烤成为"网红"的潜质。加之短视频平台的兴起，短短几十秒的视频足以将淄博烧烤这种独特性展现得淋漓尽致，从而激发了用户的好奇心和分享欲。

（1）多平台联动。淄博烧烤充分利用了抖音、微博、小红书等社交平台进行宣传，扩大了品牌的影响力。

（2）话题制造。通过制造热门话题，如"#淄博烧烤#"等标签，提高了淄博烧烤的曝光率，引发了网友的广泛关注。

（3）KOL合作。邀请知名博主、网红进行体验并分享，利用他们广泛的粉丝基础快速传播品牌信息。

2. 借势之余，不断造势

通过借势和造势，掀起一轮又一轮的流量热潮。细察淄博烧烤持续爆火的进程不难看出，淄博几乎从不放过任何一个助推流量的契机。

借势而为，如一些网红借助短视频向当地文旅局隔空喊话，期望能安排两位1.8米的大帅哥陪同。出乎意料的是，淄博文旅局爽快地安排了两位帅气的主持人……在"我们是好客山东，不是好色山东"的网友打趣声中，淄博烧烤的热度又攀上了新的高峰。

在造势方面，淄博推出了烧烤专列、烧烤公交、烧烤地图，淄博官方每一次围绕烧烤推出的新举措,都会在网络上引发热烈讨论。

3. 地域特色浓,性价比高

"小饼烤炉加蘸料"是淄博烧烤的经典组合。将烤好的肉串放在小饼上,再加上一根葱,涂上酱料,卷起来吃,口感丰富,层次分明。这种独特的吃法既美味又具有地方特色。

淄博的烧烤摊通常摆在户外,人们围坐在一起,享受着美食,畅谈欢笑。这种充满烟火气的场景,能让人感受到浓郁的生活氛围和亲切的人际交往。

除了浓厚的烟火气外,淄博烧烤的价格也相对较为实惠,消费者可以用较少的费用品尝到丰富多样的美食。无论是肉串还是蔬菜,价格都较为合理,能够满足不同层次消费者的需求。

4. 服务升级,体验优化

面对突如其来的流量洪峰,淄博的烧烤商家们迅速调整策略,从食材采购到制作工艺,再到店面环境和服务质量,全方位地进行了升级。在一些淄博烧烤店,还会提供免费的小吃、茶水等,虽然看似都是一些小细节,却增加了消费者好的体验感,使得消费显得更加超值。这种注重细节、追求极致的服务理念,使得淄博烧烤在众多同类产品中脱颖而出,吸引着更多消费者的关注和好评。

5. 用线下体验反哺线上流量

通过利用线下体验反哺线上流量,可以成功构建起从流量转化为销量,再由销量推动流量增长的双向循环模式。游客在淄博当地品尝烧烤后,会将自己的全方位感受,包括独特的烧烤方式、美味的食物、热闹的氛围、优质的服务以及当地的人文风情等,通过社交媒体平台、旅游评价网站、短视频平台等分享出去,从而增加了线上关于淄博烧烤的话题热度和关注度,并吸引了更多的流量。同时,出色的线下体验也促使去过淄博的游客再次在线上分享回忆和推荐,这就形成了持续的流量输入。

淄博烧烤的火爆并非偶然,而是一个城市巧妙借助"美食"这一媒介,实现全域流量突破——完成了"网红餐饮"从流量到销量,再由销量反哺流量的完美闭环与良性循环。这也是淄博烧烤从"网红"变为"长红"的根本支撑。